당신은 세상에서 가장 소중한 사람입니다.

사랑하는 　　　　　　　　　　 에게

　　　　　　　　　　　　　　　 드림

## 설교에 맛을 내는 예화11 사랑

**초판 1쇄 인쇄** | 2011년 5월 30일
**초판 1쇄 발행** | 2011년 5월 30일

지은이 | 한치호
교 정 | **최화숙**
편 집 | 최영규
펴낸이 | 정신일
펴낸곳 | 크리스천리더
주 소 | 부천시 원미구 중동 667-16 (2층)
연락처 | ☎ (032)342-1979  fax.(032)343-3567
홈페이지 | www.cjesus.co.kr
총 판 | 생명의 말씀사 (02)3159-8211
등 록 | 제2-2727호(1999. 9. 30.)
　　　ISBN 978-89-6594-014-2  04230
　　　ISBN 978-89-93273-63-2 (세트)

## 값 5,800원

저자와의 협약 아래 인지는 생략되었습니다.
이 출판물은 저작권법에 의해 보호를 받는 저작물이므로
무단전재와 무단복제를 할 수 없습니다.

■ 잘못된 책은 구입하신 곳에서 바꾸어 드립니다.

# 설교에 을 내는 예화 11

Preaching with good Story

## [사랑]

CLS 크리스천리더

## 추천사

## 설교에 맛을 내는 예화

　목회자가 하나님의 말씀을 쉽게 전달하기 위해서는 참신하고 호소력 있는 예화들이 필요하다.

　그러나 우리는 예화 자료를 얻기가 쉽지 않다. 설교를 준비해 본 사람이면 예화자료의 부족으로 한 두 번쯤은 고민해 본 경험을 갖고 있을 것이다.

　본인과 늘 가까이 대하는 좋은 후배로서, 언제나 동역자로 함께 지내오고 있는 한치호 목사가 설교자들을 돕기 위하여 하나님의 말씀 전파를 돕는 예화를 엮는다는 소식을 접하였을 때 흐뭇하였다.

　사실, 우리는 기독교 서점에 나가보면 이런 저런 형태의 예화집들을 쉽게 대하게 된다. 그럼에도 이 예화집에 기대를 거는 것은 주제별로 예화를 묶는 것에 있다.

　한가지 소재를 가지고 설교 원고를 작성했을지라도 그 주제에 꼭 알맞은 예화를 선택하는 데는 시간을 필요로 한다. 그런데 동일한 주제에 맞는 예화들을 1백편 이상 추려서 한 권의 책으로 엮는다니 얼마나 좋은 아이디어인가!

우리는 예수님께서 천국복음을 전파하실 때, 아주 적절하게 예화를 사용하셨음을 알고 있다.

본문을 풍성하게 해주는 적절하고 은혜로운 예화의 사용은 성도들에게 설교의 성패를 좌우할 수 있다.

설교에 있어서 예화의 사용은 설교의 문을 여는 역할을 하며 윤활유와 같다. 교회를 담임하고 평생을 설교를 해온 본인의 경험으로는 하나님의 말씀을 듣기 전에 대하게 되는 예화가 강단에 끼치는 영향은 매우 크다고 할 수 있다.

우선, 성도들이 설교를 이해하는데 도움을 주고, 둘째로 설교의 내용을 오래 기억하게 하며, 셋째는 설교를 되새길 수 있는 여유를 주는 까닭에 설교에 있어서 없어서는 안 되는 요소라 하겠다.

목회자들의 강단과 성도들의 은혜를 고려한 예화를 엮는 작업에 있어서 한치호 목사는 부족함 없는 사람이다.

그는 지금까지의 삶을 하나님의 종으로서 훌륭한 모습을 보여 왔기에, 그의 인품을 보아 좋은 책을 엮어 내리라고 기대하며, 즐거운 마음으로 추천한다.

2009년 12월
이충선 목사(경기노회 전노회장, 예장합동)

차 례

추천사 이충선 목사
들어가는 글-사랑

## 1. 뜨겁게 서로 사랑하라

1. 나보다 나를 더 사랑하시는 주님_18
2. 사랑이 기초가 되는 지식_20
3. 아가페 사랑_22
4. 어린 소년의 눈물_24
5. 여관 종업원의 친절_26
6. 감옥을 감동시킨 사랑_28
7. 찰스 콜슨의 획기적인 전환_30
8. 하나님의 긍휼_32
9. 하나님의 사랑_34
10. 헤르만 헤세의 어거스터스_36
11. 사랑의 순례_38
12. 사랑의 힘_40
13. 사랑이 담긴 말_42
14. 사랑은 사랑을 낳고_44
15. 갚을 수 없는 빚_46
16. 세상에서 가장 좋은 신발_48
17. 어미 양의 사랑_50

18. 나누는 사랑_52
19. 입맞춤_54
20. 사랑의 힘_56
21. 상처를 주지 않고 사랑하기_58
22. 흑인 발을 씻긴 백인 대법원장_60
23. 어느 선교사가 쓴 사랑의 손길_62
24. 코르작 선생님_64
25. 사랑의 두 얼굴_66

## 2. 피차 사랑의 빚 외에는

1. 사랑이란 처방약_70
2. 사랑이 열매를 맺으려면_72
3. 2차 대전_74
4. 사랑_76
5. 어머니의 사랑_78
6. 가룟유다 나무_80
7. 말이 멈춘 곳에 사랑이_82
8. 사랑은 사람을 움직인다_84
9. 사랑 티켓_86
10. 공동체를 묶는 사랑의 끈_88
11. 친구_90
12. 사랑받는 사람들의 공통점_92
13. 물 한 컵의 사랑_94
14. 사랑에는 유통기한이 없다네_96
15. 작은 사랑 큰 치유_98

16. 사랑의 A, B, C, D, E, F, G_100
17. 사랑의 눈으로_102
18. 사랑의 힘_104
19. 사랑에 대한 명언_106
20. 남편의 사랑_108
21. 너를 사랑한다_110
22. 사랑 없는 율법_112
23. 무관심은 죄_114
24. 이웃에게 관심과 사랑을_116
25. 지극한 보살핌_118

## 3. 이처럼 사랑하사

1. 사랑의 3점 숏터_122
2. 목숨까지 주는 사랑_124
3. 인생열쇠 - 사랑_126
4. 가장 위대한 분이 날 사랑 하신다_128
5. 유일한 해결책, 사랑하는 것_130
6. 조건 없는 사랑_132
7. 하나님께 사랑을 표현하라_134
8. 아름다운 사랑_136
9. 높고 깊고 넓은 사랑_138
10. 사랑하니까_140
11. 사랑은 아름다워라_142
12. 사랑은 지켜주는 것입니다._144

13. 작은 사랑의 손길_146
14. 그 분의 사랑_148
15. 찰즈 램의 첫사랑_150
16. 주님을 사랑합니다_152
17. 사랑의 시작_154
18. 아버지의 사랑_156
19. 아버지의 발바닥 사랑_158
20. 아빠가 준 선물_160
21. 아버지의 마중_162
22. 지혜로운 아버지_164
23. 아버지의 마음_166
24. 싸리나무와 사랑_168
25. 빵 한 덩어리_170

## 4. 서로 사랑하면

1. 삶으로 사랑을 실천하는 사람_174
2. 사랑에 눈뜨다_176
3. 새끼고양이의 첫 사냥_178
4. 하나님의 짝사랑_180
5. 황제 펭귄의 모성애_182
6. 고학생과 자선의 손길_184
7. 세상에서 가장 아름다운 모습_186
8. 인정하는 말로 보내는 응답_188
9. 돼지를 구해준 사연_190
10. 레오나르도 다빈치의 화목_192

11. 60년간 간직한 사랑_194
12. 사랑의 사명을 가진 자는 죽지 않는다_196
13. 이상한 병_198
14. 나는 사랑받고 있다_200
15. 사랑할 이유_202
16. 세가지 인간관계_204
17. 사면장_206
18. 세상에 보내신 이유_208
19. 목숨을 버린 어머니 사랑_210
20. 희망을 주는 아름다운 편지_212
21. 고귀한 사랑_214
22. 아버지의 사랑_216
23. 어미새의 사랑_218
24. 종이쪽지대로 왔을 뿐입니다_220
25. 존스 목사의 어린 시절_222

## 십자가상의 예수


태양은 말없이 몸을 감추고,
무겁게 저녁이 들판 위로 불어간다.
구름이 둘러서 있고 당신의 창백한 모습만이
밝게, 이미 어둠으로 덮인
하늘을 향하고 있다
이 사람을 보라.
고통으로 인해 당신의 입은 일그러져 있고,
마지막 숨은 끔찍한 신음소리,
그런데 당신 밑에서 세상은
여전히 큰소리로 흘러가고,
여기 창백하게, 비탄과 치욕으로 엎드려서,
당신을 향해 어머니가 울고 있다
이 사람을 보라!
하지만 고통을 넘어선 눈에서는
죽어가면서도 선한 일을 하고자 열망하는,
사랑의 광선이 동경에 넘쳐흘러 나오니;
이것은 고통의 불꽃이 아니고,
이것은 하늘의 빛이니
이 신을 보라!


- 헤르만 헤세 -

## 설교에 맛을 내는 예화11-사랑

### 사랑의 극치

이도환님이 쓴 「마음을 밝혀 주는 인생의 지도」라는 책에는 "사랑이란 이름의 아들"이라는 참 아름다운 이야기가 실려 있다. 이 이야기는 우리가 무엇을 위하여 과연 어떤 공동체를 이루고 살아야 하는지에 대하여 잘 알려주고 있다. 한 나라의 왕이 자신이 다스리는 작은 마을을 방문했다. 그 마을은 사람들 간의 빈부 격차가 매우 심했는데, 부자는 가난한 사람을 게으름뱅이라고 욕했고 가난한 사람은 부자를 뱃속에 기름만 잔뜩 낀 비곗덩어리라고 비난하며 서로를 헐뜯었다.

왕은 자신을 위해 마련된 연회가 끝날 무렵 마을 사람들에게 말했다.

"나의 사랑하는 왕자가 볼일이 있어 당분간 이곳에 머물며 지내게 되었으니 부디 내 자식을 사랑으로 잘 대해 줄 것을 부탁하노라."

왕은 마을 사람들의 간곡한 부탁에도 불구하고, 끝내 왕자가 몇 살이며 어느 곳에서 누구와 살고 있는지 밝히지 않고 그 마을을 떠났다. 그 뒤 마을 사람들은 어느 아이가 왕자인지 몰라 거리에서 만나는 모든 아이들에게 친절하고 다정하게 대했다. 아이들을 사랑으로 대하다 보니 어른들끼리도 서로 헐뜯지 않았고 마침내는 서로 웃으며 인사를 나누게 되었다. 마을은 점차 사랑과 인정이 넘치는 곳으로 변해 갔다. 일 년이 지난 뒤 왕이 다시 그 마을을 방문했을 때 마을 촌장이 말했다.

"왕이시여, 얼굴도 모르는 왕자님 때문에 우리 마을이 이렇게 달라졌습니다. 이제 왕자님이 누구인지 밝히시고 궁으로 데리고 가셔야 하지 않겠습니까?"

촌장의 말을 들은 왕은 한바탕 큰소리로 웃음을 터뜨리며 대답했다.

"궁궐에 잘 있는 왕자를 또 어디로 데려간다는 말인가? 내가 이곳에 남겨 놓고 간 것은 사랑이라는 이름의 자식일세. 그 자식이 잘 커서 이 마을을 이토록 아름답게 만들었는데 내가 어찌 데려가겠는가!"

이 이야기는 하나님께서 우리를 위하여 예수님을 이 땅에 보내주신 성육신을 떠올리게 만들어 준다. 예수님은 우리에게 오셔서 사랑의 진정한 본질을 가르쳐주셨고, 직접 삶으로 그 사랑을 보여주셨다. 그렇게 사랑을 보여주시다가 마침내 그 사랑을 완성하시려고 십자가를 지시고 온전히 희생하셨다. 그러므로 십자가는 다름 아닌 사랑의 극치이다. 이 사랑으로 우리는 지금 하나님의 자녀가 되어 이렇게도 아름다운 삶을 살아가고 있다.

## 사랑의 본질

서로의 유익을 먼저 생각해야 제 기능을 발휘하는 곳 그것이 가정이다. 우리들이 좋아하는 책 중에 「아낌없이 주는 나무」라는 그림동화집이 있다. 한 소년을 사랑하는 한 나무가 자신을 다 버리기까지 사랑하는 모습을 그렸다. 자기 이익에 빠른 현대인들에게 아무런 조건 없이 자기를 내어주기만 하는 이 한편의 동화는 우리 마음을 따뜻하게 만든다. 우리 하나님의 사랑이 그렇다. 하나님의 사랑은 아낌없이 주는 사랑이다. 하나님은 우리를 만드셨다. 하나님은 인간들이 자신의 명령을 어겼을 때도 끝까지 사랑하셨다. 하나님은 멸망의 길을 향해 가는 우리들을 구원하기 위해 언약을 주시고 율법이라는 말씀을 주셨다. 아낌없이 주는 하나님의 사랑은 무엇보다 십자가에서 드러나고 있다. 하나님은 자기의 아들을 내어주기까지 우리를 아낌없이 사랑하셨다. 사랑의 대원리는 사랑을 받은 사람만이 사랑을 할 수 있다는 것이다. 우리의 사랑의 원천은 예수 그리스도의 십자가이다. 하나님의 아낌없는 이 사랑을 받은 자만이 자신 또한 아낌없는 사랑을 할 수 있다.

루터는 "믿음으로 의롭게 된다."는 구원의 진리를 발견한 사람이다. 루터의 신학 이론 중에 '행복한 교환'이라는 것이 있다. 인간과 그리스도 사이에는 행복한 교환이 이루어진다. 우리는 우리가 가진 죄와 불의를 그리스도에게 준다. 그러면 그리스도는 자기가 가진 의를 우리에게 준다. 그래서 우리는 죄인이지만 의롭게 된다. 우리를 하나님 앞에 설 수 있도록 만드는 것은 바로 그리스도의 자기의 유익을 구하지 않는 아낌없는 이 사랑 때문이다. 고린도 교회의 사랑 자기의 유익을 구하지 않는 사랑은 고린도전서 10장의 우상의 제물에 대한 사도 바울의 태도에서 잘 드러나고 있다.

사랑은 '사랑해야 한다.'는 당위로 하는 것이 아니다. 사랑하면 자기의 유익보다 다른 사람의 유익을 구하게 되어 있다. 문제는 사랑이다. 주님의 아낌없는 사랑을 받은 우리 생활 안에서, 또 매일처럼 만나는 동료들과 낯선 사람들에게 이 아낌없는 사랑을 보여주어야 한다.

## 바로 지금

중국 쓰촨성에 리히터 규모 8.0의 원촨(汶川) 대지진이 발생하였다. 베이촨의 무너진 가옥에서 생존자 구조 작업을 벌이던 구조대원들은 13일 포대기에 싼 아이를 품에 안고 엎드려 있는 여성의 시신을 발견했다. 죽은 엄마의 품에 안겨있던 젖먹이는 숨을 쉬고 있었다. 서둘러 아이를 안고 병원으로 가던 의료진은 포대기 안에서 휴대전화를 발견했다. 휴대전화 화면에는 "사랑하는 나의 보배야, 만약 네가 살아 남으면 꼭 기억해다오. 내가 널 사랑했다고." 라는 한 줄의 문자 메시지가 떠 있었다. 의사들은 이 메시지를 보는 순간 왈칵 눈물을 쏟고 말았다고 19일 신화통신은 전했다.

지진 피해 생존자들에 대한 구조작업이 진행되면서 생명이 끝나는 순간까지 자식을 지켜낸 모정이 감동을 주고 있다. 자신은 죽더라도 자식만큼은 살리고 싶은 뜨거운 마음이 전해지는 것 같다. 무엇이 이들로 하여금 자신을 희생해서라도 자식을 살리고자 하는 마음을 갖게 하였을까? 자식에 대한 사랑 때문이다.

사랑은 위대한 일을 이룬다. 사랑은 절망 속에서도 희망의 꽃을 피게 한다. 그래서 사랑하는 마음이 다른 사람을 살리게 되는 것이다.

미국의 9.11 테러사건이나 대구지하철 화재사건을 통해 우리의 인상에 깊이 남은 것 중 하나는 무너지고 있는 건물과 흙더미 속에서 그들이 가족과 마지막으로 나누었던 통화 내용들이다.

"당신에게 사랑한다는 말을 꼭 하고 싶었어요."
"여보 사랑해! 당신이 앞으로 어떤 결정을 내리든 언제나 행복하길 빌겠소."
"아이들이 보고 싶소. 더 잘해줬어야 하는 건데…"
"여보 먼저 가오, 사랑하오, 당신만이 내 사랑이었소."

사랑은 미루고, 나중에 해야 할 일이 아니다. 지금 바로 사랑을 고백할 때이고, 실천할 때이다. 주님이 나를 사랑하신 것처럼 말이다.

# 01
# 뜨겁게 서로 사랑하라

너희가 진리를 순종함으로 너희 영혼을 깨끗하게 하여 거짓이 없이 형제를 사랑하기에 이르렀으니 마음으로 뜨겁게 서로 사랑하라(벧전 1:22).

## 01 | 나보다 나를 더 사랑하시는 주님

전도를 너무 잘하는 여대생이 있었다. 그 학생은 평소에도 얼마나 하나님의 말씀에 감동 받고 전도를 잘하는지 항상 "예수 없이 살 수 없어요."라는 말을 입에 붙이고 살 정도였다. 그래서 "예수 없이 살 수 없어요."라는 별명까지 생겼다.

그런데 하루는 그 여대생이 목사님에게 찾아와 이렇게 말했다.

"목사님, 저는 오늘 굉장히 새롭고 놀라운 사실을 발견했어요."

그래서 목사님은 "그 예수 없이 살 수 없다는 얘기 말인가?"라고 물었다. 그러자 그 학생은 고개를 저으며 이렇게 대답했다.

"아니에요, 목사님. 그보다 더 위대한 사실을 깨달았어요. 그것은 나뿐만 아니라 예수님께서도 나 없이 사실 수 없다는 사실이에요."

주님께서는 우리가 주님을 필요로 하는 것 이상으로 우리를 필요로 하신다. 우리가 가지고 있는 괴로움은 나 자신 스스로를 알지 못하는 것에서 시작된다. 나도 어떻게 할 수 없는 나의 존재가 나를 괴롭히기 때문이다. 그러나 나도 모르는 나의 삶의 깊이와 불안한 미래를 단번에 아시는 그분은 우리를 필요로 하시고 또 우리를 사랑하신다.

성경은 "하나님이 세상을 이처럼 사랑하사 독생자를 주셨으니"라고 말씀하신다. 그 말씀을 통해서 하나님께서는 자신의 독생자인 예수를 대신 십자가에 달아 죽이실 만큼 우리를 사랑하신다는 것을 알 수 있다.

이 말씀을 읽고 있던 성 아우구스티누스는 이렇게 말했다. "참으로 이상하고도 놀라운 일이다! 만약 내가 창조주 하나님이었다면 벌써 이 세상을 박살내 버렸을텐데, 이상하게도 하나님은 나를 사랑하시다니? 그분은 사랑하시는 것도 나 한 사람밖에는 사랑할 사람이 없는 것처럼 날 사랑하신다. 아니 내가 이 세상에 남아 있는 유일한 생존자라고 할지라도 그 분은 나를 위해 십자가에 목숨을 버리셨을 것이다."

 **예화와 관련된 말씀**

> 아버지께서 나를 사랑하신 것 같이 나도 너희를 사랑하였으니 나의 사랑 안에 거하라(요 15:9).

# 02 | 사랑이 기초가 되는 지식

집을 지을 때 기초공사가 잘 되어야 튼튼하듯이 지식을 쌓는 데에도 기초공사가 필요하다. 이 말의 뜻은 지식에는 바로 사랑이 기초가 되어야 한다는 말이다. 사랑이 없는 지식 쌓기는 때때로 부정적인 결과를 낳기도 한다. 이런 이야기가 있다.

어떤 감옥에 간수가 한 명 있었다. 그는 수많은 죄인들을 대하면서 그들이 죄를 짓는 이유가 제대로 배우지 못한 탓이라고 믿었다. 그래서 그에게 있어서 지식은 바로 삶의 목표이며 신념과도 같았다.

그러던 어느 날 한 젊은이가 수감되어 감옥에 들어오게 되었는데, 그는 글을 쓸 줄도 읽을 줄도 모르는 문맹(文盲)이었다. 그를 본 간수는 아는 것이 힘이고 배워야 산다는 신념에 따라 시간이 나는 대로 젊은이에게 글을 가르치기 시작했다. 처음에 젊은이는 꺼려했지만 간수의 끊임없는 설득에 의해서 글을 배우고 지식을 쌓기 시작했다.

그렇게 하루 이틀 지식을 쌓는 동안 세월이 흘러 젊은이는 출감하게 되었다. 간수는 기뻐하며 세상에 나가 지식을 풀어 쓸 기회가 왔다며 격려해 주었다.

그런데 얼마 지나지 않아 젊은이는 다시 교도소에 들어오게 되었다. 바로 그의 죄명은 문서위조죄였다. 이렇듯 사랑이 없이 쌓여진 지식은 때때로 좋지 못한 결과를 초래하곤 한다.

 **예화와 관련된 말씀**

> 우상의 제물에 대하여는 우리가 다 지식이 있는 줄을 아나 지식은 교만하게 하며 사랑은 덕을 세우나니(고전 8:1).

# 03 | 아가페 사랑

 어느 마을에 인형을 무척 좋아하는 제인이라는 소녀가 살고 있었다. 어느 날 집에 놀러 오신 이웃집 아저씨에게 그 소녀는 여러 가지 인형들을 보여주며 자랑했다. 인형을 보고 있던 아저씨가 갑자기 소녀에게 이렇게 물었다.

 "제인아! 너는 이것들 중에 어떤 인형을 제일 좋아하니?"

 그 물음에 소녀는 입을 꼭 다물고 한참동안 생각에 잠겼다.

 잠시 후 소녀는 아저씨를 바라보며 "아저씨, 제가 좋아하는 인형을 보여 드릴께요. 그런데 한 가지 약속을 해주세요. 제가 인형을 보여드릴 때 절대로 웃지 않겠다구요."라고 말했다. 아저씨는 이상했지만 소녀와 약속하고는 인형을 가져올 때까지 기다렸다.

 소녀는 방안에 들어가더니 코는 주저앉고 팔 다리는 다 떨어져 나간 낡은 인형 하나를 들고 나왔다. 아저씨는 그 인형을 보며 조심스럽게 물었다.

 "아! 이 인형을 제일 좋아하는구나. 그런데 한 가지 물어봐도 될까? 무슨 이유 때문에 너는 이 인형을 제일 좋아하니?"

제인은 이렇게 대답했다.

"왜냐하면요, 이 인형은 제가 사랑해주지 않으면 아무도 사랑해 줄 사람이 없으니까요."

이 작은 소녀 제인의 대답에서 아가페 사랑을 느낄 수 있었다.

### 예화와 관련된 말씀

유월절 전에 예수께서 자기가 세상을 떠나 아버지께로 돌아가실 때가 이른 줄 아시고 세상에 있는 자기 사람들을 사랑하시되 끝까지 사랑하시니라(요 13:1).

# 04 | 어린 소년의 눈물

　캘리포니아에 심리학자 '레오 바스칼리아'라는 사람이 있다. 그가 쓴 많은 책들 가운데 이런 얘기가 나온다.
　어느 날, 할아버지 한 분이 암 진단을 받았다. 그런데 이 암 진단을 받은 그 날부터 이 할아버지는 성격이 갑자기 난폭해져 식구들을 향해서 욕을 하기도 하고, 주변 사람들에게까지도 욕을 퍼부었다. 심지어는 병실에 입원해서도 아무도 만나지 않았다. 그 할아버지는 간호원과 의사들에게까지도 포악하게 대하기 시작했다. 그래서 가족들은 할아버지를 돕기 위해 할아버지의 옛날 친구들을 들여보냈지만 친구들도 도움이 되지 못했다. 할아버지는 자기의 친구들에게 큰 소리를 치며 쫓아 버리고 말았다. 또 이번에는 할아버지와 절친하게 지냈던 은사들을 보내 보았지만 그것도 소용이 없었다. 목사님을 보냈더니 목사님도 욕만 먹고 쫓겨났다. 카운슬러를 들여보내도 소용없었다.
　그런데 한 번은 그 동네에서 이 할아버지가 가끔 만나던 동네 꼬마가 하나 있었는데 할아버지가 아프다는 소식을 듣고 병원에 쫓아왔다. 식구들이 반 호기심으로 "그럼 네가 들어가서 할아버지 만나 봐라."하며 그 아이를 들여보냈다. 그런데 놀랍게도 20-30분 동안 어린 소년이 할아버지를 만나고 나오더니 그 이후로 이 할아버지가 완전히 변했다. 태도가 갑자기 누그러지고 부드러워지고 사람들도 만나시고 얘기도 하시게 되었다. 사람들이 하도 이상해서 그 어린 소년을 붙들고 물었다.

"너, 할아버지하고 무슨 얘기를 했니?"

"아무 얘기도 하지 않았어요."

"그래도 할아버지하고 그 20-30분 동안 함께 있었잖니?"

"저요, 할아버지하고 같이 울었어요."

꼬마는 단지 이 할아버지의 아픔을 자신의 아픔처럼 느끼고 울었을 뿐이다. 그러나 이 할아버지는 우는 꼬마를 꼭 껴안는 순간 진정한 사랑을 느꼈고 마음의 상처가 치유되었던 것이다.

##  예화와 관련된 말씀

마지막으로 말하노니 형제들아 기뻐하라 온전하게 되며 위로를 받으며 마음을 같이하며 평안할지어다 또 사랑과 평강의 하나님이 너희와 함께 계시리라 거룩하게 입맞춤으로 서로 문안하라(고후 13:11).

# 05 | 여관 종업원의 친절

 어느 폭풍우가 몰아치는 밤이었다. 한 늙은 부부가 길가 여관의 현관문을 밀고 들어섰다. 그들은 쉴 방을 찾고 있었다. 마침 카운터에 있던 종업원은 그 읍내에 3개의 여관이 있으나 때마침 모두 초만원임을 알고 있었다.

 "사실 우리 여관도 빈방이 없습니다. 그러나 당신들이 기꺼이 쉬신다면 제방을 내어드릴 수 있습니다."

 노부부는 망설였으나 그 종업원의 간청으로 그 방에서 쉬게 되었다.

 다음날 아침 여관을 나서며 노신사는 이런 말을 남겼다.

 "당신같이 친절한 사람은 처음이요, 당신은 이 미국에서 제일 친절한 여관 종업원이요. 아마도 나는 당신을 위해 무엇인가를 건축하게 될 것이요."

 종업원은 그 노신사의 농담에 웃음으로 답하였다. 그 후 어느 날 그 종업원은 뉴욕 방문을 요청하는 왕복 비행기표가 들어 있는 편지를 받게 되었다. 노신사로부터 보내온 것이었다.

 그가 뉴욕에 도착했을 때 노신사는 그를 거대한 새 빌딩 앞으로 데리고 갔다.

"저것은 당신이 경영하도록 내가 지은 호텔이요."

그 말은 농담이 아니었다. 노신사는 당시 거대한 갑부였던 W. W 아스토이었고, 그 청년은 아스토리아호텔의 첫 번째 경영자가 된 G. C 뽈트이였다. 뽈트의 작은 사랑이 큰 열매를 맺었다.

 **예화와 관련된 말씀**

자녀들아 우리가 말과 혀로만 사랑하지 말고 행함과 진실함으로 하자(요일 3:18)

너희 모든 일을 사랑으로 행하라(고전 16:14).

# 06 | 감옥을 감동시킨 사랑

이 이야기는 미국에서 있었던 실화이다.

1937년, 수감자들의 어머니로 불리던 미국의 캐서린 로즈 여사가 있었는데, 어느 날 교통사고로 사망했다. 그녀는 평생 수감자들에게 사랑을 쏟으며 살아 왔다. 그녀의 두 자녀도 수감자들과 함께 운동을 하며 성장했을 정도이니 캐서린 로즈 여사가 수감자들에게 베푼 사랑은 가히 짐작이 갈 만하다.

캐서린 로즈 여사의 운구가 묘지로 떠날 때 수감자들의 대표가 교도소장에게 부탁했다.

"소장님, 저희들도 교도소 밖으로 나가 캐서린 로즈 여사의 문상을 할 수 있게 허락해 주십시오. 그분은 우리 은인입니다."

탈출에 대한 염려로 교도소장은 잠시 고민했지만 이내 교도소장은 6백 명의 수감자들에게 잠시 동안 외출을 허용했다.

수감자들은 들꽃을 한 송이씩 들고 캐서린 여사의 죽음을 애도했다. 수감자들의 애도 행렬은 무려 8백 미터에 이르렀다. 그날 저녁 6백 명의 수감자들은 단 한 사람의 도망자도 없이 모두 교도소로 돌아왔다.

사랑은 이렇게 막힌 담을 허무는 능력이 있다. 사람은 진실한 사랑 앞에서 정직해진다.

주님의 사랑을 많이 베풀어서 많은 이들에게 그 사랑을 감동시켜야 한다.

### 예화와 관련된 말씀

너희가 진리를 순종함으로 너희 영혼을 깨끗하게 하여 거짓이 없이 형제를 사랑하기에 이르렀으니 마음으로 뜨겁게 서로 사랑하라(벧전 1:22).

# 07 | 찰스 콜슨의 획기적인 전환

나는 가끔 설교 가운데 찰스 콜슨(Charles Colson)의 이야기를 인용하곤 한다. 그는 미국 닉슨 대통령 시절에 대통령 보좌관으로 있으면서 정치적인 권력을 누렸던 사람이다. 그런 그가 워터게이트 사건에 연루되어 옥에 갇히게 되었다. 그때 상원의원 세 사람이 그의 삶을 완전히 변화시킨다. 그들은 바로 항상 콜슨에게 복음을 전하고자 애썼던 헤트필더, 휴스, 퀴에라는 의원들이다. 찰스 콜슨이 투옥되자, 그들은 그를 위해 날마다 기도 시간을 정하여 함께 기도하였고, 그를 찾아가서 위로하며 책을 주었다.

찰스 콜슨의 형 집행기간이 7개월가량 남았을 때의 일이다. 어느 날 평상시처럼 기도하는 가운데 퀴에의 마음에 그를 위해서 대신 옥살이를 해야겠다는 감동이 생겼다. 변호사였던 퀴에는 특수 법조문 안에 다른 사람을 대신하여 형기를 치를 수 있다는 내용이 언급되었다는 사실을 알아내고 법원에 제안해 보았지만 거절당하고 말았다. 그러나 퀴에의 노력은 헛되지 않았다. 콜슨이 마침내 감옥에서 마음을 열고 복음을 받아들인 것이다. 믿는 자들이 값없이 베푼 사랑 앞에 교만하기 그지없던 그의 자아가 무너져 내리기 시작했다. 그리고 자신도 누군가에게 사랑을 베풀어야겠다는 마음을 먹었다. 남아 있는 형기 동안 그가 사랑을 베풀 수 있는 대상은 오로지 동료 죄수들 밖에 없었다. 그때부터 그는 '어떻게 하면 저들을 사랑할 수 있을까' 하고 기도하기 시작했다. 그리고 죄수들이 제일 싫어하는 빨래를 자청해 하기 시작했다. 콜슨은 그의 자서전에서 "평생 동안 집안에서 손가락 하나 까딱하지 않던 나는 저들을 사랑하면서 인생의 진정한 행복을 발견했다."고 고백할 만큼 감옥에서 사랑을 베풀며 지냈다. 그는 형기를 마치고 나와서「거듭나기」라는 책 한 권을 발행했는데, 그 책은 한 때 미국 사회의 커다란 화젯거리가 되었다. 그리고 그는 감옥에서 결심한대로 "교도소 선교회"라는 단체를 조직해서 죄수들에게 복음을 전하는 일에 힘썼다. 그 후에 그는 종교계의 노벨상이라고 불리는 템플턴상을 받게 되었다.

## 예화와 관련된 말씀

무엇보다도 뜨겁게 서로 사랑할지니 사랑은 허다한 죄를 덮느니라(벧전 4:8).

## 08 | 하나님의 긍휼

유대인들에게는 중요한 진리를 가르치기 위해 우화적인 이야기를 담아 놓은 책이 있다. 이 책 속에는 하나님께서 우주를 창조하시기 직전에 먼저 천사들을 창조하시고 그 천사들과 대화를 나누는 내용이 있다. 하나님께서 첫 번째 천사인 '의의 천사'라는 이름을 가진 천사를 불러 이렇게 말씀하셨다.

"내가 세상을 창조하고 그 세상에서 가장 으뜸 되는 피조물로 인간을 창조하려고 하는데 어떻게 생각하느냐?"

의의 천사가 대답했다.

"하나님, 인간을 창조하지 마십시오. 그 인간들은 온갖 불의로 이 세상을 더럽힐 것입니다."

하나님께서 두 번째 천사인 '거룩의 천사'라는 이름의 천사에게 같은 질문을 했다. 거룩의 천사는 이렇게 대답했다.

"하나님, 인간을 창조하셔서는 안 됩니다. 그 인간들은 이 세상을 더러움으로 가득 채워 놓고 말 것입니다."

하나님께서는 세 번째 천사인 '빛의 천사'를 불러 또 다시 같은 질문을 했다. 빛의 천사는 "하나님, 절대로 인간을 창조하셔서는 안 됩니다. 인간들은 이 세상을 어두움으로 만들고야 말 것입니다."

하나님께서는 네 번째 천사인 '긍휼의 천사'를 불러서 또다시 질문을 했다.

"내가 인간을 창조하려고 하는데 그대는 어떻게 생각하느냐?"

긍휼의 천사는 다른 천사와는 전혀 다르게 대답했다.

"하나님, 인간을 창조하셔야 합니다. 하나님께서 인간을 창조하시면 이 세상은 불의하고 더러워지고 어두움에 잠길지도 모릅니다. 그러나 하나님, 이 불의와 더러움과 어두움 속에 있는 인간들에게 저는 기어이 그들을 사랑하시는 하나님의 사랑을 이야기할 것입니다. 그리고 그들이 새로워지고 하나님께서 기대하시는 사람들이 되도록 그들을 하나님 앞으로 인도할 것입니다."

 **예화와 관련된 말씀**

> 우리를 구원하시되 우리가 행한 바 의로운 행위로 말미암지 아니하고 오직 그의 긍휼하심을 따라 중생의 씻음과 성령의 새롭게 하심으로 하셨나니(딛 3:5).

# 09 | 하나님의 사랑

 1834년, 영국의 런던에 에드워드 모트(E. Mote)라는 불행한 사람이 있었다. 그는 어린 시절에 부모를 여의고, 고아와 같이 의지할 곳이라고는 아무데도 없었다.

 모트는 어린 나이임에도 살아가기 위해서 일을 해야 했다. 그래서 가구 공장에 들어가서 일을 할 수밖에 없었다. 일을 끝마치고 나서도 그를 따뜻하게 반겨 줄 사람이 아무도 없었다.

 집은 언제나 냉랭했다. 단칸의 조그만 방은 하루 종일 비어 있어서 문을 열면 찬 공기가 덮쳤다. 외로움을 달래기 위하여 그는 런던 거리를 이리저리 쏘다니기가 일쑤였다.

 그러던 어느 날, 모트는 한 교회에 무심코 들어가게 되었다. 그곳에서 그는 목사님의 말씀을 듣고 깊은 은혜를 받았다. 세상에 믿고 의지할 사람이 아무도 없는 줄 알았는데 말씀을 통해서 예수 그리스도께서 함께 하심을 알게 된 것이었다.

 그때부터 모트의 인생관이 달라졌다. 그는 주님을 위해서 열심히 일을 했다. 그러다 보니 가구 공장의 직공에서 사장까지 되었다. 하나님이 베풀어주신 사랑에 뜨거운 감격이 솟구쳤다.

그는 성령님께서 인도하시는 대로 연필을 들고 적어내려 갔다. 바로 찬송가 488장이다.

"이 몸의 소망 무엔가 우리 주 예수뿐일세.
우리 주 예수 밖에는 믿을 이 아주 없도다.
굳건한 반석이시니 그 위에 내가 서리라.
그 위에 내가 서리라."

모트는 이 찬송가의 노랫말을 읽었다. 그의 가슴이 어느새 뜨거워져 있었다. 그 뜨거움은 태어나서 처음으로 느끼는 것이었다. 모트는 그날 많은 은혜를 받았다.

### 예화와 관련된 말씀

나의 간절한 기대와 소망을 따라 아무 일에든지 부끄러워하지 아니하고 지금도 전과 같이 온전히 담대하여 살든지 죽든지 내 몸에서 그리스도가 존귀하게 되게 하려 하나니(빌 1:20).

# 10 | 헤르만 헤세의 어거스터스

 노벨 문학상을 수상했던 헤르만 헤세의 작품 가운데 「어거스터스」라는 작품이 있다. 아이를 낳지 못하는 부모가 있었다. 그런데 다행스럽게 아들을 낳았다. 그 아들의 이름이 바로 어거스터스였다. 그가 태어나기 전 한 신비한 노인이 밤중에 산모에게 나타났다. 그리고 이렇게 말했다.

 "당신의 아들의 탄생을 축하합니다. 그 아이를 위해서 내가 꼭 한 가지 소원을 들어주겠습니다. 소원이 무엇입니까?"

 어거스터스의 어머니는 곰곰이 생각하다 이렇게 말했다.

 "이 아이가 자라면서 모든 사람들에게 사랑을 받으면서 살게 해 주십시오."

 그의 소원이 그대로 이루어졌다. 아이는 자라서 많은 사람들의 사랑을 받았다. 부모님의 사랑을 받았다. 학교에 다니면서부터 선생님의 사랑도 받고, 친구의 사랑도 받고, 이웃의 사랑도 받았다.

 그러나 결코 그것은 행복한 삶이 아니었다. 사랑만 받고 베풀지 못하니까 자기중심적인 사람이 되었다. 이기적인 사람이 되어 버렸다. 어거스터스는 노인이 되어 사람들에게

버림 받아 버리고 말았다. 외롭고 비참한 삶이 되어 버리고 만 것이다.

그런 그에게 신비한 노인이 또 나타났다. 노인은 어거스터스에게 물었다.

"당신의 삶에 만족합니까?"

어거스터스는 고개를 설레설레 흔들었다.

"내가 당신에게도 한 가지 소원을 이루어주겠습니다. 소원이 무엇입니까?"

그는 주저하지 않고 이렇게 말했다.

"모든 사람들에게서 사랑 받으며 사는 사람이 아니라, 모든 사람들을 사랑하면서 사는 사람이 되게 해 주십시오."

### 예화와 관련된 말씀

둘째는 이것이니 네 이웃을 네 자신과 같이 사랑하라 하신 것이라 이보다 더 큰 계명이 없느니라(막 12:31).

# 11 사랑의 순례

유명한 아시시의 성자인 프란시스(Francis)가 구원받은 지 얼마 되지 않아 겪은 이야기이다.

어느 날 그는 길을 가다가 우연히 나환자를 만났다. 그 나환자를 본 순간 마음에서 전쟁이 일어났다. 한편은 그에게 가서 기도해 주고 싶은 마음이었고, 다른 한편은 '그에게 병이 전염되면 어떡하나'라는 두려움의 마음이었다. 결국 두려움의 마음이 이겨 나환자를 그냥 지나쳐 가도록 만들었다. 그런데 성령님께서 그의 다른 마음을 움직이기 시작하시고 부담을 주셨다. 그는 마음에 생긴 부담 때문에 그 자리에 서서 기도했다.

"주님, 제가 나환자를 그냥 지나쳤는데 그것이 잘못입니까?"

그러자 주님께서 "네가 왜 그를 그냥 지나쳤느냐?"라고 물으셨다.

그는 솔직하게 "그가 너무 더럽게 느껴져서 그 병이 전염될까봐 그랬습니다."라고 고백했다.

그때 그에게 주님의 음성이 들렸다.

"너는 그 더러운 나환자보다 나으냐? 너는 이전에 그 나환자보다도 더 더럽혀진 죄인이었다. 그런데 난 그런 너의 모습을 그대로 받아주고 사랑했단다."

그 순간 그는 나환자보다 더 추하고 더러운 죄인이었던 자신에게 주님이 찾아와 사랑으로 받아주셨음을 다시 한 번 깨닫게 되었다. 그래서 그는 다시 나환자에게 돌아가 그에게 입 맞추고 축복을 했다.

이때부터 아시시의 성자 프란시스는 알베르나의 산록에서 마지막 숨을 거두기까지 끊임없는 사랑의 순례를 하게 된다. 그리고 그는 생(生)의 목숨이 다하는 순간에 "나의 사랑, 나의 전부이신 예수여!"라는 고백을 했다.

 **예화와 관련된 말씀**

그러므로 그리스도께서 우리를 받아 하나님께 영광을 돌리심과 같이 너희도 서로 받으라(롬 15:7).

# 12 | 사랑의 힘

어떤 잡지에 이런 기사가 실려 있었다.

엘리나라는 78세 된 화란 출신의 할머니가 있었다. 이 할머니의 평생소원은 담배를 끊는 것이었다고 한다. 그래서 할머니는 50년간 담배를 끊기 위해 클리닉에도 가보고 약도 먹어보았지만 번번이 실패하였다. 할 수 있는 것이라면 무슨 노력이라도 하면서 세월을 보내다 보니 할머니는 어느새 78세가 되었다는 것이다.

그런데 어느 날 엘리나 할머니가 79세 된 제이슨이라는 할아버지를 만나게 되었다. 그리고 이들은 뒤늦게 사랑에 빠져 연애를 하게 되었다.

제이슨 할아버지가 할머니에게 말하기를 "나는 당신과 결혼하고 싶은데 단 한 가지 때문에 당신과 결혼하는 것이 마음에 걸리오. 당신이 담배를 피운다는 것이 나와 맞지 않는 거 같소."라고 했다.

그러자 이 할머니는 "그래요? 그러면 제가 담배를 끊지요."하면서 그 순간부터 담배를 끊었다. 그녀의 50년간 이루지 못한 평생소원이 이루어진 것이다.

이 기사의 마지막 줄에는 "나는 이 경험을 통해서 사랑의 힘은 의지의 힘보다 위대하다는 것을 깨달았다."라는 할머니의 멋진 고백이 실려 있었다.

 **예화와 관련된 말씀**

마음을 같이 하여 같은 사랑을 가지고 뜻을 합하여 한 마음을 품어(엡 2:2).

모든 것을 참으며 모든 것을 믿으며 모든 것을 바라며 모든 것을 견디느니라(고전 13:7).

# 13 | 사랑이 담긴 말

 자라나는 나무에 어떤 음악을 들려주느냐에 따라 성장 속도가 달라진다는 것은 상식에 속한다. 밝고 쾌활한 음악을 틀어 준 실험 집단과 어둡고 우울한 음악을 틀어 준 비교 집단과 차이가 있었던 것이다. 비인격적인 자연 세계도 이토록 큰 영향을 입는다면, 하물며 하나님의 형상으로 지음 받은 인격체는 얼마나 큰 영향을 입을 것인가?

 미국의 한 병원에서의 일이다. 환자가 수술을 받았는데 회복되기는커녕 자꾸만 증세가 악화되어 갔다. 주치의를 비롯한 의료진들이 연일 모여 환자의 상태를 체크하고 분석해 보았지만 이유를 찾아내지 못했다. 의학적인 시술도 완벽했고, 병 역시 그렇게 중한 것이 아니었는데도 불구하고 환자가 소생할 기미를 보이지 않자 긴장하기 시작했다.

 또 다시 모여 마지막으로 회의를 하고 있는 자리에서 한 의사가 조용히 자리를 떠나 환자를 찾았다. 그리고 환자에게 정중하게 사과했다.

 "저는 선생님의 수술 준비를 도왔던 의사입니다. 그런데 마침 마취 상태에 있는 선생님에 대해 제가 심한 농담을 했습니다. 그런데 그게 자꾸만 마음에 걸려 사과를 하고 싶어 했지만 기회를 못 얻었습니다. 용서해 주시겠습니까?"

환자는 눈이 동그래졌다. 그러면서 입가에 미소가 번졌다. "나도 모르는 것을 어떻게 용서하나요? 그러나 그렇게까지 자신에게 진실한 의사를 만날 수 있다는 저는 행복합니다." 그런데 놀랍게도 그날부터 환자의 병세는 눈에 띨 정도로 호전되기 시작했다.

사람의 생명이 끊겨 모든 기능이 정지되어도 마지막까지 살아남아 있는 기능은 청각 기능이라고 한다.

### 예화와 관련된 말씀

미움은 다툼을 일으켜도 사랑은 모든 허물을 가리느니라(잠 10:12).

그런즉 믿음, 소망, 사랑, 이 세 가지는 항상 있을 것인데 그 중의 제일은 사랑이라(고전 13:13).

누추함과 어리석은 말이나 희롱의 말이 마땅치 아니하니 오히려 감사하는 말을 하라(엡 5:4).

# 14 | 사랑은 사랑을 낳고

오래 전에 이름을 밝히지 않은 한 사람이 고아원에 찾아와 이렇게 물었다.

"어느 누구도 원하지 않을 아이가 있습니까?"

그 물음에 원장은 망설이지 않고 대답했다.

"네, 있어요. 열 살짜리 여자아이인데 매우 흉한 꼽추예요. 단지 이름만은 좋아서 머시 굿페이스(훌륭한 믿음의 은혜라는 뜻)이지요."

"바로 그런 아이를 찾고 있었습니다."

그 사람은 이렇게 대답하고서 그 아이를 데리고 떠났다.

그리고 35년이 지난 후, 아이오와주 고아원 감사실의 실장은 한 고아원에 대해서 다음과 같은 보고서를 작성했다.

"이 가정은 매우 특별한 곳인데 깨끗하고, 음식도 훌륭하며 특히 그곳 원장은 사랑이 넘쳐 흐르는 영혼을 가진 사람이다. 이곳에 수용된 어린이는 잘 보살펴지고 있으며, 원장은 풍부한 사랑을 보여주고 있다.

그들이 저녁식사 후에 피아노 앞에 모여 섰을 때 나는 다른 곳에서는 느낄 수 없었던 분위기를 느꼈다. 나는 결코 그

원장의 눈과 같은 아름다운 눈을 본 적이 없다. 그들은 내가 그 원장의 얼굴이 보기 흉하고 꼽추라는 사실을 잊고 있는 데 놀라워했다. 그 원장의 이름은 머시 굿페이스이다."

이름도 알 수 없는 사람이 추하고 보기 흉한 고아를 보살펴 줄 용기를 가지고 있었기에 머시 굿페이스는 사랑을 배우고 또 그 사랑을 베풀 수 있었던 것이다.

 **예화와 관련된 말씀**

너희 모든 일을 사랑으로 행하라(고전 16:14).

자녀들아 우리가 말과 혀로만 사랑하지 말고 행함과 진실함으로 하자(요일 3:18).

# 15 갚을 수 없는 빚

오래 전, 미국 보스턴에 스트로사라는 청년이 있었다.

그는 큰 꿈을 가지고 있었지만 그 꿈을 이루는 데 필요한 돈이 없어서, 거부인 바턴을 찾아가서 2천 달러를 빌려 달라고 부탁했다.

자기에게 담보는 없지만 일에 대한 꿈과 용기가 있으니 믿고 빌려 주면 그 은혜는 잊지 않겠노라고 자신 있게 말했다. 바턴의 주위 사람들은 경력도 없는 그에게 담보나 후원자도 없이 돈을 꾸어 주는 것은 위험한 일이라고 만류했다.

그러나 바턴은 왠지 그 청년의 용기가 마음에 들어 모험을 걸고 2천 달러를 빌려 주었다. 과연 스트로사는 얼마 되지 않아 그 돈을 갚았다.

이 일이 있은 지 10년이 지났다. 당시 미국에는 경제공황이 일어나 바턴은 완전히 파산할 지경에 이르렀다. 소문으로 이 사실을 알게 된 스트로사는 바턴을 찾아가 빚진 돈 7만 5천불을 대신 갚아 주겠다고 말했다.

바턴은 깜짝 놀라 "자네가 가져갔던 돈은 이미 갚았는데 무슨 소리인가?" 하고 의아해 했다.

이에 대한 스트로사의 대답은 멋졌다.

"분명히 빌린 돈 2천 달러는 옛날에 갚았지만 당신이 베풀어 준 은덕은 평생 갚지 못합니다.

그때의 그 2천 달러로 장사를 해서 오늘 이렇게 큰 부자가 되었습니다. 이것이 돈으로 갚아진다고 생각하는 사람은 정신 나간 사람입니다. 은덕과 사랑은 영원히 갚을 수 없는 빚입니다."

 **예화와 관련된 말씀**

피차 사랑의 빚 외에는 아무에게든지 아무 빚도 지지 말라 남을 사랑하는 자는 율법을 다 이루었느니라(롬 13:8).

# 16 | 세상에서 가장 좋은 신발

 소년이 퉁명스럽게 대답을 한 건 운동화 때문이었다. 소년은 지난 주 체육시간에 달리기를 하다가 낡은 운동화가 찢어지는 바람에 친구들 앞에서 이만 저만 창피를 당한 것이 아니었다. 그 날로 아빠에게 운동화 얘기를 얼핏 했지만 벌이도 신통찮은 요즈음 아빠에겐 그 말이 통할 것 같지 않았다. 한 주가 지나고 다시 야외에서 하는 체육시간이 내일로 다가오자 소년은 그 찢어진 운동화를 신을 수도 없어 학교에 안 갈 방법을 찾고 있었던 것이다.
 "애야, 일어나야지. 학교 갈 때 밥 먹고 가거라, 도시락도 싸 놓았으니 가져가고…."
 오늘따라 왜 그렇게 아빠가 서두르시는지 소년은 아빠가 밉기만 했다.
 '엄마라면 틀림없이 새 운동화를 사주셨을 텐테…'
 소년의 엄마는 오랫동안 병원에 계시다가 지난해에 그만 돌아가시고 말았다. 엄마의 병원비 때문에 그 동안 살던 곳을 떠나 이곳에 이사 와서 살게 된 것이다. 오늘 아빠에게 소년이 운동화 얘기를 하지 않은 것은 장애인인 아빠가 그 동안 아무 일도 못 하다가 시(市)에서 주는 일을 시작한 지 며칠 되지 않았기 때문이었다. 아빠의 주머니 사정을 잘 알고 있으니까. 속상한 마음과 엄마에 대한 그리움으로 눈물을 훌쩍이던 소년은 울음을 삼키고는 자리에서 일어났다.

가방을 메고 신발을 찾으러 문턱에 앉았다가 소년은 깜짝 놀라고 말았다. 신발장 위에는 하얀 바탕에 그림까지 그려져 있는 운동화가 놓여있었던 것이다. 새것이 아닌 걸 보니 어디서 주워온 듯 싶었다. 몸도 불편한 아빠는 저 신발을 닦느라 무척 고생하셨을 거다. 하얀 운동화를 집어 드는 소년의 눈에 조그만 쪽지가 보였다.

"아들아, 세상에서 가장 좋은 신발을 신을 수는 없지만, 세상에서 가장 가치 있는 발걸음으로 살거라."

## 예화와 관련된 말씀

너희가 악한 자라도 좋은 것으로 자식에게 줄 줄 알거든 하물며 하늘에 계신 너희 아버지께서 구하는 자에게 좋은 것으로 주시지 않겠느냐(마 7:11).

# 17 | 어미 양의 사랑

팔레스틴의 들판에서 있었던 일이라고 한다. 많은 양들이 들판에 풀을 뜯고 있었다. 그런데 갑자기 큰 독수리 한 마리가 쏜살같이 하늘에서 내려왔다. 그 독수리는 어린 양을 날카로운 발톱으로 채가려고 덤볐다.

그때 어미 양은 새끼 양을 지키기 위하여 그 독수리와 몸싸움을 시작했다. 그 독수리는 그 어미 양의 머리를 밟고 앉아서 보란 듯이 두 눈을 팍팍 쪼아 먹었다. 두 눈에서 붉은 피를 흘리고 있는 어미 양을 발견한 목자는 충격을 받고 전심전력을 다해 막대기를 휘두르면서 그곳으로 달려갔다.

그 목자는 어미 양의 머리 위에 있는 큰 독수리에게 돌을 던져 멀리 쫓아버렸다.

그리고 피를 흘리고 있는 그 어미 양을 치료해주려고 가까이 갔다가 그만 소스라치게 놀라고 말았다. 그 어미 양의 품 안에서 어린 양 새끼 하나가 고개를 쏘옥 내밀고 나왔던 것이다.

그때 그 목자는 그 어미 양이 독수리로부터 두 눈이 뽑히면서까지 왜 그 자리를 떠나지 않고 그렇게 장승처럼 그곳에 머물러 있었는지를 깨닫게 되었다. 그 어미 양은 새끼 양의 생명을 지키기 위하여 자신의 두 눈을 희생하면서까지 어미의 사랑을 포기하지 않았던 것이다.

미물의 짐승도 자기 새끼를 사랑하는 아름다운 본능이 있다. 그 본능이 얼마나 진하고 강한지 이기주의적인 마음으로 살아가는 연약한 인간들에게 큰 교훈이 되기도 한다.

### 예화와 관련된 말씀

높음이나 깊음이나 다른 어떤 피조물이라도 우리를 우리 주 그리스도 예수 안에 있는 하나님의 사랑에서 끊을 수 없으리라(롬 8:39).

# 18 | 나누는 사랑

그리스도인이었던 건축설계사 휘셔씨는 2차 대전 당시 수백만의 유태인들과 함께 죽음의 집단 수용소에 갇혀 있었다.

그런데 점점 기력을 잃고 죽어가고 있던 한 사람이 자기가 먹고 있는 딱딱한 빵조각과 휘셔씨가 마실 스프와 바꾸어 먹자고 항상 애걸했다.

딱딱하게 굳은 작은 빵조각보다는 차가워도 스프가 먹기에도 좋고 배부르게 하기 때문에 휘셔씨도 스프를 원했으나, 죽음을 향해 가고 있는 그 사람의 청을 거절할 수가 없어서 자기의 스프를 그에게 주고 자기는 늘 그의 작은 빵조각을 받아먹었다.

드디어 미군이 진주해 들어와서 휘셔씨는 집단 수용소에서 해방되었고 미군의 병원에서 건강 진단을 받게 되었다. 진단 중에 휘셔씨는 자기가 스프와 빵조각을 바꾸어 먹은 이야기를 의사에게 했다.

그러자 의사가 그에게 말을 했다.

"당신은 그 사랑을 베푼 일 때문에 살아난 것입니다. 당신이 오늘날 이렇게 살아있는 단 하나의 이유는 당신이 스프를 먹지 않고 그 빵조각을 먹었기 때문입니다. 우리의 조사 결과 그 스프는 영양분이라고는 거의 포함이 되어 있지 않은 것이었습니다."

가난한 이웃을 돕는 것이 곧 나를 돕는 것이다. 어려운 이웃을 도우라.

 **예화와 관련된 말씀**

너희가 만일 성경에 기록된 대로 네 이웃 사랑하기를 네 몸과 같이 하라 하신 최고의 법을 지키면 잘하는 것이거니와 만일 너희가 사람을 차별하여 대하면 죄를 짓는 것이니 율법이 너희를 범법자로 정죄하리라(약 2:8,9).

# 19 | 입맞춤

 의사인 나는 이제 막 수술에서 회복된 어떤 여성 환자의 침상 옆에 서 있었다. 그녀는 수술 후에도 옆 얼굴이 마비되어 입이 한쪽으로 돌아가 있었다. 얼핏 보면 어릿광대 같은 모습이었다. 입의 근육을 움직이는 신경 한 가닥이 절단되었기 때문이었다. 외과의사가 최선을 다해 그녀의 얼굴을 성형했다는 것은 부인할 수 없는 사실이었다. 하지만 그녀의 뺨에서 암세포가 번지고 있었기 때문에 나는 수술 도중에 어쩔 수 없이 신경 한 가닥을 절단해야만 했다.

 그녀의 남편도 그녀를 내려다보며 환자 옆에 서 있었다. 저녁 불빛 속에서 그들은 마치 내 존재를 잊은 양 열심히 서로를 바라보았다. 나는 생각했다. 이들은 도대체 어떤 사람들이길래 비뚤어진 얼굴을 해 갖고서도 이토록 부드럽고 따뜻한 시선으로 서로를 바라보고 있는 걸까? 이윽고 그녀가 내게 물었다.

 "제 입은 평생 동안 이런 모습으로 있어야 하나요?"

 내가 말했다.

 "그렇습니다. 신경이 끊어졌기 때문이지요."

그녀가 고개를 끄덕이더니 아무 말이 없었다. 그때 그녀의 젊은 남편이 미소를 지으며 말했다.

"난 그 모습이 좋은데 뭘. 아주 귀여워 보인다구."

그 순간 나는 그가 어떤 사람인가를 알았다. 그는 신과 같은 넉넉한 마음을 가진 사람이었다. 차마 그를 똑바로 쳐다볼 수 없어서 나는 바닥에 시선을 떨구었다.

내가 다시 고개를 들었을 때 그 남자는 아내에게 입을 맞추기 위해 몸을 숙였다. 그리고 그는 비뚤어진 입을 하고 있었다. 그녀에게 아직도 입맞춤이 가능하다는 걸 보여 주기 위해서였다.

### 예화와 관련된 말씀

> 내가 사람의 방언과 천사의 말을 할지라도 사랑이 없으면 소리 나는 구리와 울리는 꽹과리가 되고 내가 예언하는 능력이 있어 모든 비밀과 모든 지식을 알고 또 산을 옮길 만한 모든 믿음이 있을지라도 사랑이 없으면 내가 아무 것도 아니요 내가 내게 있는 모든 것으로 구제하고 또 내 몸을 불사르게 내줄지라도 사랑이 없으면 내게 아무 유익이 없느니라(고전 13:1~3).

# 20 | 사랑의 힘

 얼굴도 몸매도 나무랄 데 없는 한 여자가 있었다. 하지만 그녀에게도 머리숱과 눈썹 숱이 적다는 콤플렉스가 있었다. 그녀에게 정말 그녀를 사랑하는 남자가 생겼다. 그녀는 그에게 머리숱이 적다는 것만 고백했다. 눈썹 때문에 혹시나 들키면 어쩌나 항상 불안했다.

 3년이란 세월이 지난 후, 남편의 사업이 부도가 나 연탄 배달부가 되었다. 남편은 앞에서 끌고 아내는 뒤에서 밀면서 열심히 연탄을 배달했.

 어느 날 바람이 세차게 불던 날, 불어오던 바람 때문에 리어카의 연탄가루가 날아와 여자의 얼굴은 온통 검댕이가 되어 버렸다. 눈물이 나고 답답했지만 얼굴을 닦다가 눈썹이 지워질까봐 얼굴을 닦을 수가 없었다.

 그때 남편이 자기의 수건을 꺼내어 아내의 얼굴을 닦아주기 시작했다. 남편은 그녀의 눈썹부분은 건드리지 않은 채 아내의 얼굴을 정성껏 닦아주었다. 그녀의 눈에는 이내 눈물이 고였다. 남편은 눈물까지 조심스럽게 닦아 준 후, 싱긋 웃으며 다시 수레를 끌기 시작했다.

남편은 그녀의 비밀을 알고 있었으면서도 덮어주었던 것이다.

하나님께서 우리의 과거와 상관없이 우리를 사랑하시듯 우리도 다른 사람의 허물과 약점을 덮을 수 있는 사람이 되자.

'주님, 타인의 허물을 덮을 수 있는 사랑의 마음을 나에게도 주옵소서.'

나는 다른 사람의 허물을 덮어주는 사람인가?

 **예화와 관련된 말씀**

무엇보다도 뜨겁게 서로 사랑할지니 사랑은 허다한 죄를 덮느니라(벧전 4:8).

# 21 상처를 주지 않고 사랑하기

이철환의 「연탄길」이라는 책에 나오는 이야기이다. 음식점 출입문이 열리더니 여자아이가 동생들을 데리고 들어왔다. 영철이 주문을 받기 위해 아이들 쪽으로 갔을 때 큰아이가 말했다.

"자장면 두 개 주세요.", "언니는 왜 안 먹어?"

"응, 점심 먹은 게 체했나 봐."

"언니, 우리도 엄마아빠가 있었으면 얼마나 좋을까? 저렇게 같이 저녁도 먹구."

그때 영선이 주방에서 급히 나왔다.

"너 혹시 인혜 아니니?", "네, 그런데 누구세요?"

"엄마친구 영선이 아줌마야. 한동네에 살았었는데, 네가 어릴 때라 기억이 안 나는 모양이구나."

영선은 아이들의 얼굴을 어루만지며 말했다.

"인정이도 많이 컸구나."

그제야 아이들 얼굴에 환한 미소가 번졌다. 영선은 서둘러 주방으로 들어가 자장면 세 그릇과 탕수육을 내왔다.

"안녕히 계세요."

"그래, 잘 가라. 차 조심하고……. 자장면 먹고 싶으면 언제든지 와, 알았지?"

영철이 물었다. "누구네 애들이지?"

"사실은 모르는 애들이에요. 무턱대고 음식을 그냥 주면 아이들이 상처받을지도 모르잖아요."

"그런데 아이들 이름은 어떻게 알았어?"

"아이들이 말하는 걸 들었어요. 자기는 먹고 싶어도 참으면서 동생들만 시켜주는 모습이 어찌나 안되 보이던지…."

저자는 이 이야기 밑에 이렇게 적어 놓았다.

"상처를 주지 않고 사랑하기란 얼마나 어려운 일인가? 소리 없이 아픔을 감싸준다는 것은 얼마나 아름다운 일인가?"

### 예화와 관련된 말씀

어느 때나 하나님을 본 사람이 없으되 만일 우리가 서로 사랑하면 하나님이 우리 안에 거하시고 그의 사랑이 우리 안에 온전히 이루어지느니라(요일 4:12).

## 22 | 흑인 발을 씻긴 백인 대법원장

얼마 전까지만 해도 인종 차별로 악명 높던 남아공화국에서 실제로 있었던 일이다.

남아공화국은 인종 차별이 심했기 때문에 흑인과 백인이 함께 예배를 드리지 않고 별도로 예배를 드렸다.

'성시온교회(Holy Church of Zion)'라는 흑인교회에서는 고난주간의 성만찬을 행하기에 앞서 세족례(洗足禮)를 베풀었다. 예수님께서 제자들의 발을 씻겨 주었듯이 서로 발을 씻어 주며 예수의 겸손을 배우기 위해서였다.

이 세족례를 행하는 흑인 교회에 '올리버'라고 하는 백인 대법원장이 이곳을 혼자 방문했다. 세족례 시간이 되자 그는 '마르다'라는 흑인 여성을 불러 그녀 앞에 무릎을 꿇고 정성을 다해서 발을 씻어 주었다. 모든 사람들이 깜짝 놀라 숨을 죽이고 그 장면을 바라보고 있었다.

'백인인 대법원장'이 흑인의 발을 씻어 준다는 것은 도저히 이해되지 않을 뿐만 아니라 상상하기도 어려운 사실이었기 때문이다. 발을 다 씻어 준 올리버 대법원장이 그들에게 말했다.

"여러분, 이 사람은 내 집에 노예로 있는 사람입니다. 한평생 우리 집 아이들의 발을 수백 번도 더 씻어 주었습니다. 그걸 보는 내 마음은 늘 괴로웠습니다.

그래서 오늘 내가 우리 집 아이들의 발을 씻어 준 바로 이 사람의 발을 씻어 주어야 내 마음이 편안할 것 같아 이렇게 한 것 뿐입니다. 뭐 대단한 일을 행한 것도 아닌데 그렇게 이상하게 여길 것 없습니다."

올리버 대법원장은 이 일 때문에 대법원장직에서 파면을 당했다. 그러나 그는 오히려 "이제야말로 참으로 하나님께 찬양할 자유로운 그리스도인이 되었다."고 기뻐하며 감사했다고 한다. 백인 우월주의가 지배하고 있던 사회였지만 올리버는 예수 그리스도의 섬김과 사랑의 정신을 앞서 실천하였다.

 **예화와 관련된 말씀**

> 인자의 온 것은 섬김을 받으려 함이 아니라 도리어 섬기려 하고 자기 목숨을 많은 사람의 대속물로 주려 함이니라(막 10:45).

# 23 | 어느 선교사가 쓴 사랑의 손길

내가 완벽하게 언어를 구사하고, 현지인처럼 말을 한다 해도, 그분의 사랑이 나에게 없다면 나는 아무 것도 아니리.

내가 화려한 졸업장이나 학위를 가지고 있고, 모든 현대의 선교방법을 알고 있다 해도, 그분의 사랑으로 감동되지 않는다면 나는 아무 것도 아니리.

내가 그 사람들의 모든 종교를 성공적으로 논박할 수 있고, 그 사람들을 바보로 만들 수 있다 해도, 그분의 애원하는 사랑의 편지가 없다면 나는 아무 것도 아니리.

내가 온전한 믿음과 큰 이상과 장엄한 계획을 가지고 있다 해도, 그분의 사랑에 젖은 땀과 피와 눈물과 기도와 간구가 없다면 나는 아무 것도 아니리.

내가 그들을 위해 옷을 벗어주고, 돈을 나누어준다 해도, 그들을 위한 그 분의 사랑을 소유하고 있지 않다면 나는 아무 것도 아니리.

내가 모든 야망을 내려놓고, 집과 친구들을 떠나고, 나의 선교경력을 하나님께 제물로 바친다 해도, 매일의 삶에서 크고 작은 귀찮은 일들 때문에 싫증을 내고 이기적이 되어 버린다면 나는 아무 것도 아니리.

  내가 모든 질병을 고칠 수 있다 해도, 그분의 사랑이 부족하여 다른 사람들의 마음에 아픔을 주고 다른 이의 감정을 상하게 한다면 나는 아무 것도 아니리.

  내가 갈채를 받을 만한 글을 쓰고, 비록 책을 낸다 해도, 십자가의 말씀을 사랑의 언어로 옮기지 못한다면 나는 아무 것도 아니리.

### 예화와 관련된 말씀

> 그런즉 믿음, 소망, 사랑, 이 세 가지는 항상 있을 것인데 그 중의 제일은 사랑이라(고전 13:13).

## 24 | 코르작 선생님

독일 나치가 폴란드에 사는 유대인들을 학살하기 위해서 어느 유대인 학교를 급습했다. 코르작 선생님과 함께 교실에서 공부하고 있던 유대인 아이들은 나치군이 나타나자 자기들을 붙잡으러 온 것이 틀림없으므로 겁에 질려 공포에 부들부들 떨고 있었다.

평상시 독일 나치에 의해 학살당하는 장면과 모습들을 수없이 듣고 보았던 어린 학생들은 독일 나치군을 보고 태연할 수가 없었던 것이다. 무서워서 어쩔 줄 모르는 학생들을 양팔로 감싸며 코르작 선생님은 말했다.

"애들아, 무섭지 않니?"

그러면서 선생님은 학생들과 같이 트럭에 올랐다. 그리고 수용소로 함께 끌려갔다. 마침내 학생들과 함께 가스실로 들어갔다. 가스실에서도 코르작 선생님은 "애들아, 괜찮아, 괜찮아." 하면서 학생들을 꼭 끌어안고 죽어갔다고 한다.

코르작 선생님은 용기 있는 폴란드인이었다. 그는 독일 나치군에 의해 끌려갈 이유가 전혀 없었다.

수용소에 수용될 그 어떤 잘못도, 가스실에서 비참하게 죽어가야 할 그 어떤 이유도 그에게는 없었던 것이다. 그러나 스승으로서 공포에 떨고 있는 어린 제자들을 그냥 보낼 수는 없었다.

그래서 어린 제자들과 함께 트럭에 올랐고, 제자들과 함께 수감되고, 마침내 사랑하는 제자들, 단순히 유대인의 후손이라는 이유 때문에 죽어야만 했던 사랑하는 제자들과 함께 죽었던 것이다.

 **예화와 관련된 말씀**

그리스도께서 너희를 사랑하신 것 같이 너희도 사랑 가운데서 행하라 그는 우리를 위하여 자신을 버리사 향기로운 제물과 희생 제물로 하나님께 드리셨느니라(엡 5:2).

# 25 사랑의 두 얼굴

디트리히 본회퍼는 히틀러 암살 음모에 가담하였다는 죄목으로 체포되어 제2차 세계대전 종전 몇 달을 앞두고 처형되었다. "목사로서 원수까지 사랑해야 할 사람이 살인을 모의하다니 될 법한 일이냐?" 하고 따져 묻는 사람들에게 그는 이렇게 말했다.

"어떤 버스 운전사가 손님이 가득 탄 버스를 몰고 인도로 뛰어들었습니다. 버스에 탄 손님은 물론 인도 위를 지나가던 사람들을 마구 다치게 했습니다. 누구라도 그 운전사에게서 핸들을 빼앗고 그를 운전석에서 끌어내야 하지 않겠습니까? 나는 히틀러라는 미친 운전사를 운전석에서 끌어냄으로 그와 많은 사람들을 사랑하려 했을 뿐입니다."

본회퍼가 이렇게 말하기까지는 그의 역사적 삶의 배경이 있다. 그의 조국 독일은 제1차 세계대전(1914~1918, 본회퍼가 8세 때)에서 참패한 후에 깊은 절망과 혼돈 속에서 메시아처럼 희망을 약속하며 권력을 손에 잡은 이가 바로 '아돌프 히틀러'였다(1933). 그는 독일 국민의 기대에 걸맞게 집권 2년 만에 600만 명의 실업자에게 일자리를 주었다. 땅에 떨어진 독일 민족의 자존심을 일으켜 세우고 국민들의 정서를 통합하는데 성공했다.

그는 급기야 제2차 세계대전(1939~1945년)을 일으키고, 680만 명이나 되는 독일 국민들을 전쟁터에서 죽게 만들었다. 여기에다 600만 명의 유대인들을 강제 수용하여 노동을 시키며 고문하다 가스실과 교수대에서 모두 처형시켰다.

이때 미국 유니온 신학대학에서 교수로 봉직하면서 미국 각지를 돌며 순회강연을 하던 본회퍼는 그를 아끼는 사람들의 만류를 뿌리치고 귀국 길에 올라 하나님이 나라를 위해 히틀러 총통 암살 음모에 가담했다.

그러나 암살 음모는 교활한 비밀경찰의 정보망에 포착되었고, 1945년 4월 9일에 프로이센부르그의 포로수용소에서 처형당했다(39세). 그는 진실로 사랑이 무엇인지를 삶으로 보여 준 사람이다.

### 예화와 관련된 말씀

너희가 진리를 순종함으로 너희 영혼을 깨끗하게 하여 거짓이 없이 형제를 사랑하기에 이르렀으니 마음으로 뜨겁게 서로 사랑하라(벧전 1:22).

# 02
# 피차 사랑의 빚 외에는

피차 사랑의 빚 외에는 아무에게든지 아무 빚도 지지 말라 남을 사랑하는 자는 율법을 다 이루었느니라(롬 13:8).

# 01 | 사랑이란 처방약

　월트 휘트만(*Walter Whitman* 1819~1892)이란 사람은 미국에서 가장 유명한 시인 중의 한 사람이다. 그는 시에서 서민들의 희망과 자유를 진실하게 노래했다. 휘트만의 작품은 모든 인류가 하나님과 인간의 가치가 얼마나 큰가를 노래하는 것이 주 내용이다.

　이 시인은 말년에 여러 가지 질병으로 불행한 나날을 보내고 있었다. 그러던 어느 날 한 의사가 하는 말을 듣고 그가 노래한 인간의 최고 가치가 무엇인가를 새삼 확인하게 되었다. 그 의사의 말은 다음과 같다.

　"저는 의사가 된지 어언 30년이 되었습니다. 그동안 수많은 처방을 해왔습니다만 아픈 사람에게 가장 좋은 처방 약은 다른 것이 아니라 사랑이라는 것을 알게 되었습니다."

　이 말은 들은 휘트만은 크게 공감하면서

　"그러면 사랑이란 약이 듣지 않을 때는 어떻게 하지요?"

라고 의사에게 질문했다. 그러자 의사는 "그땐 처방약을 두 배로 늘리게 되지요."하고 말했다.

　약이 잘 듣지 않을 때는 더 진하게 먹어야 한다는 것은 누구나 잘 알고 있다. 그러나 우리는 사랑이란 처방약을 두 배로 하기보다는 사랑을 투약하기를 중단해 버리는 경우가 너무나 많다. 아무런 효과가 없다고 말하면서 그러고는 사랑 대신 미움이란 처방을 들고 나오기 십상이다. 잠깐만 생각해 보아도 그것이 독이 될 뿐이라는 것을 알 수 있는데도 불구하고 그렇게 하는 것이다. 이것이 바로 우리의 어리석음이다.

"나에게 잘못한 사람을 일흔 번씩 일곱 번이라고 용서하라 하신 예수님의 사랑을 70X7=490 배로 투약하라는 처방이라 생각됩니다. 아무리 상한 심령이라도 듣지 않는 법이 없을 것입니다."

### 예화와 관련된 말씀

> 그 때에 베드로가 나아와 가로되 주여 형제가 내게 죄를 범하면 몇 번이나 용서하여 주리이까 일곱 번까지 하오리이까 예수께서 가라사대 네게 이르노니 일곱 번 뿐 아니라 일흔 번씩 일곱 번이라도 할찌니라(마 18:21,22).

# 02 | 사랑이 열매를 맺으려면

한 연인이 있었다. 이들은 뜨겁게 사랑하여 결혼을 약속했고 남자의 집안에서 절대적인 반대를 했지만 마침내 결혼식을 올리게 되었다. 결혼식 날이 되었다. 신랑의 입장 후 신부가 들어오는데 그야말로 선녀처럼 아름다웠다. 이 모습을 본 하객들은 신랑측 부모가 결혼에 반대했던 이유를 더욱 알 수 없었다. 주례자는 머리카락이 몇 올 남지 않은 사람이었다. 그가 화려한 조명 밑에 서자 머리는 불빛을 받아 잘 닦아놓은 자개장처럼 번쩍였다. 이윽고 주례사가 시작되었다.

"검은 머리가 파뿌리가 될 때까지 사랑하는 것도 좋지만 검은 머리가 저처럼 대머리가 될 때까지 변함없이 사랑하는 것도 좋습니다."

"제 대머리를 한문으로 말하되 딱 한 자로 표현하면 '빛 광', 광(光)이라고 할 수 있지요. 신랑, 신부가 백년해로하려면 광나는 말을 아끼지 말아야 합니다. 세상에서 가장 무서운 것은 인간의 세 치 혀입니다."

하객들은 진지하게 주례자의 말을 들었다.

"가까운 사이일수록 예의를 지키라는 '광(光)' 같은 말이 있습니다. 아무리 부부라고 해도 말을 함부로 해서는 안 됩니다. '여보, 사랑해. 당신이 최고야!' 라는 말은 검은 머리가 대머리 될 때까지 계속해도 좋은 겁니다."

그런데 하얀 장갑을 낀 신랑의 손이 부지런히 움직였다. 신랑은 신부에게 수화로 주례 내용을 알려 주고 있었다.

그 순간 모든 하객들의 눈에 눈물이 맺히기 시작했다.

"여기, 세상에서 가장 훌륭한 신랑이 가장 아름다운 신부에게 가장 아름다운 말을 해주고 있습니다. 군자는 행위로써 말하고 소인은 혀로써 말한다고 합니다. 오늘 저는 혀로써 말하고 신랑은 행위로써 말하고 있습니다. 여기 서 있는 둘은 군자의 자격이 있습니다. 두 사람의 제 2의 인생에 복이 가득하길 빌며 이만 주례를 마치겠습니다."

하객들은 자리에서 일어나 주례자와 신랑, 신부를 향하여 힘껏 박수를 쳤다.

### 예화와 관련된 말씀

자녀들아 우리가 말과 혀로만 사랑하지 말고 오직 행함과 진실함으로 하자(요일 3:18).

# 03 | 2차 대전

1968년 조용한 사건이지만은 위대한 일이 있었다. 세계 제2차 대전 당시에 나치 독일이 유대사람 600만 명을 죽였다고 하지 않았는가?

이 학살에 원흉이었던 '아이히만' 이라는 사람이 체포되어 재판을 받고 사형선고를 받았다, 이제 사형집행을 조용히 기다리고 있는 바로 그 시점에서 유대사람 중에 '꼴란즈' 라고 하는 사람은 아이히만을 석방해 달라고 대대적으로 데모를 했다.

대대적으로 석방 운동을 한 것이다. 있을 수 있는 일인가? 그는 상당한 이유를 가지고 있었다.

첫째 아이히만을 죽인다고 해서 죽은 유대사람이 살아나는 것이 아니지 않느냐. 사형하지 않고 내버려두어도 인생은 다 죽듯이 저 사람도 곧 죽을텐데 뭐 미리 죽일 거 없지 않느냐?

둘째는 하나님은 그의 영혼을 이미 심판 하셨으니 우리가 심판할 것 없지 않느냐?

셋째는 동생을 죽인 가인도 하나님은 용서 하셨는데 우리가 누구를 정죄하는 것이 옳단 말이냐?

마지막 넷째가 너무나 가슴을 뜨겁게 한다.

사랑이 식어지는 세상에 이제부터라도 참 사랑을 심어 가야하지 않겠느냐고.

여러분 언제까지 보복을 할 것인가?

### 예화와 관련된 말씀

사랑은 여기 있으니 우리가 하나님을 사랑한 것이 아니요 하나님이 우리를 사랑하사 우리 죄를 속하기 위하여 화목 제물로 그 아들을 보내셨음이라(요일 4:10).

내 사랑하는 자들아 너희가 친히 원수를 갚지 말고 하나님의 진노하심에 맡기라 기록되었으되 원수 갚는 것이 내게 있으니 내가 갚으리라고 주께서 말씀하시니라(롬 12:19).

## 04 | 사랑

어떤 사람이 사랑에 대해서 다음과 같이 아주 재미있게 풀이했다.

- **제품명** – 사랑
- **용량** – 상처받지 않을 만큼 사랑하고 부담주지 않을 만큼 사랑하며 헤어져도 미워지지 않을 만큼 사랑해야 한다.
- **효능** – 세상이 무조건 아름다워 보이고 사람들이 행복해 보인다. 입에서 콧노래가 떠나지 않고 끊임없이 기대감이 생긴다. 열등감이 사라지고 마음이 자유롭다. 자신이 살아있음에 대하여 주님께 감사하게 된다.
- **보관방법** – 마음속 깊은 곳에 간직해야 한다. 변질되지 않도록 상호간에 늘 끊임없는 노력과 관심이 필요하다.
- **유효기간** – 사람에 따라 천차만별이다.
- **사용 시 주의사항** – 다음 사항들을 늘 염두에 두고 지켜 나가야 한다. 상대를 먼저 늘 배려할 것, 끝까지 믿을 것, 우선 참을 것, 슬픔도 기쁨도 함께 나눌 것, 화내

지 말 것, 성급해 하지 말 것, 있는 그대로의 나를 보이고, 있는 그대로 상대를 받아들여야 한다.
- **부작용** – 이루어지지 않을 경우, 절망에 빠질 위험이 있으니 주의해야 한다.
- **경고** – 집착과 사랑, 이 둘은 서로 비슷하니, 반드시 꼼꼼하게 살펴봐야 한다.
- **권장소비자 가격** – 돈으로 헤아릴 수 없다. 오직 희생으로만 구입이 가능하다.
- **제조원** – 하늘나라 주식회사
- **제조 및 공급자** – 하나님

 **예화와 관련된 말씀**

사랑은 여기 있으니 우리가 하나님을 사랑한 것이 아니요 하나님이 우리를 사랑하사 우리 죄를 속하기 위하여 화목 제물로 그 아들을 보내셨음이라(요일 4:10).

# 05 | 어머니의 사랑

 어느 아름다운 날, 한 천사가 하늘에서 산책 나와 이 오래된 세상에 오게 되었다. 그는 자연과 예술의 다양한 광경들을 보며 이리저리 돌아다녔다.

 그리고 해질 무렵이 되어 그는 금빛 날개를 가다듬으며 말했다.

 "나는 빛의 세계로 돌아가야 한다. 여기 왔던 기념으로 무엇을 좀 가져갈까?"

 "저 꽃들은 얼마나 아름답고 향기로운가! 저것들을 꺾어서 골라 꽃다발을 만들어야겠다."

 시골집을 지나가며 열린 문을 통해 어린이용 장미 빛 작은 침대에 누워있는 아가의 미소를 보고 그는 말했다.

 "저 아기의 미소는 이 꽃보다 아름답다. 저것도 가져가야겠다."

 바로 그때, 소중한 아기에게 잘 자라고 키스하며 그녀의 사랑을 영원한 샘물처럼 쏟아 붓는 한 헌신적인 어머니를 그는 요람 저쪽에서 보았다.

 "아! 저 어머니의 사랑이야말로 내가 모든 세상에서 본 것

중에서 가장 아름다운 것이다. 저것도 가져가야겠다!"

이 세 가지 보물과 함께 그는 진주 빛 문으로 날아갔다.

그리고 그곳에 들어가기 전에 그의 기념품들을 점검해 보았다. 그러나 놀랍게도 아름다운 꽃들은(더 이상 아름답지 않게) 이미 시들어 버렸고 아기의 미소도 찡그림으로 변해 있었다.

그는 시들은 장미와 사라진 미소를 버렸다. 그리고 나서 문을 통과하는데, 그가 무엇을 가져왔는가 보기 위해서 모여든 하늘의 천사들이 그를 환영했다. 그가 말했다.

"이것은 지상에서 내가 발견한 것 중 하늘에서 오는데 그 아름다움과 향기를 보존한 유일한 것입니다. 이 세상에서 가장 아름답고 향기로운 것은 어머니의 사랑입니다."

〈O.A. 뉴울린〉

### 예화와 관련된 말씀

내가 진실로 진실로 너희에게 이르노니 한 알의 밀이 땅에 떨어져 죽지 아니하면 한 알 그대로 있고 죽으면 많은 열매를 맺느니라(요 12:24).

# 06 | 가롯유다 나무

이 이야기는 영국에서 실제 있었던 일이다.

어떤 크리스천 한 사람이 집에 12그루의 나무를 심어 길렀다. 그리고 그 나무에다 예수님의 12제자의 이름을 일일이 붙여주었다.

베드로, 안드레, 야고보, 요한, 빌립, 바돌로매, 도마, 마태, 야고보, 다대오, 시몬, 가롯유다 이렇게 12사람의 이름을 붙여주고 늘 나무를 관리했다.

그 사람은 베드로 등 11개의 나무에게는 물을 주면서 다음과 같이 말했다.

"무럭무럭 자라거나 나는 너를 사랑한다."

이렇게 말하며 11개의 나무는 많은 사랑과 관심을 쏟으며 관리 하였다. 하지만. 가롯유다 나무만은 그렇게 하지 않고 이렇게 말하였다.

"너는 저주 받을 이름이다. 말라 죽어버려라." 하며 저주의 말을 늘 퍼부었다.

결과는 어떻게 되었을까?

놀랍게도 얼마 지났을 때, 이상하게도 이 가롯유다 나무는 말라 죽어버렸다.

이처럼 관심과 사랑은 생명을 살리는 힘을 가지고 있는 것이다. 사랑이 없으면 아무 것도 아니며, 죽이기도 하는 것이다.

 **예화와 관련된 말씀**

내가 사람의 방언과 천사의 말을 할지라도 사랑이 없으면 소리 나는 구리와 울리는 꽹과리가 되고 내가 예언하는 능력이 있어 모든 비밀과 모든 지식을 알고 또 산을 옮길 만한 모든 믿음이 있을지라도 사랑이 없으면 내가 아무 것도 아니요 내가 내게 있는 모든 것으로 구제하고 또 내 몸을 불사르게 내줄지라도 사랑이 없으면 내게 아무 유익이 없느니라(고전 13:1~3).

# 07 | 말이 멈춘 곳에 사랑이

 벙어리인 한 어머니가 있다. 어머니는 하나뿐인 아들을 키우기 위해 매일 일을 하느라 간단한 수화조차 배울 시간이 없었다. 그 모습이 늘 안타깝고 애틋했던 아들은 다 장성하여 어머니에게 자신이 무엇을 해드릴 수 있을까 고민했다.

 며칠을 고민하던 아들은 어머니에게 수화를 가르쳐 드리기로 마음먹었다.

 두 팔을 벌려 하늘의 새를 설명했고 어머니가 제일 좋아하는 사과와 또 어느 추운 겨울 어머니가 손수 떠주신 따뜻한 털모자를 설명했다.

 어머니는 아들의 정성 때문이었는지 늦은 나이에도 아주 열심히 수화를 배우고 익혔다. 늦은 밤까지 스탠드 불을 켜 놓고 앉아 그날 배운 것들을 연습하고 또 연습하기를 얼마나 했을까?

 어느 날 문득 아들은 어머니에게 '사랑'이라는 단어를 가르쳐 드리고 싶어졌다. 그러나 '사랑'이라는 단어는 새나 사과처럼 몸짓으로 설명할 수 있는 것이 아니었다. 아들은 너무나 막막한 심정이 되었다. 어머니 눈을 바라보며 온갖 몸짓을 다했지만 결코 설명할 수는 없었고 답답한 나머지 아들은 그만 울음을 터뜨리고 말았다. 그 모습을 본 어머니가 가만히 아들의 손을 잡았다. 그러고는 천천히 고개를 끄덕였다.

아들이 안타깝게 흘리는 눈물을 보며 자신에게 가르쳐주려던 말이 '사랑'이라는 것을 알았던 것이다.

### 예화와 관련된 말씀

오라 우리가 아침까지 흡족하게 서로 사랑하며 사랑함으로 희락하자(잠 7:18).

# 08 | 사랑은 사람을 움직인다

 실력 있는 오르간 연주자이며 신학 교수였던 슈바이처(1875~1965)는 여행 중에 우연히 벌거벗은 흑인을 보고서 남은 생애를 밀림의 불쌍한 원주민들을 위해 살겠다고 결심했다. 그래서 그는 그를 아끼는 모든 사람들의 충고를 듣지 않고 의과대학에 입학했다.

 하지만 5년 뒤 의사가 된 그가 헬레네와 사랑에 빠지자 주변 사람들은 그가 사랑 때문에 그 동안 계획해왔던 아프리카행을 포기할 것이라고 생각하며 안도의 한숨을 내쉬었다.

 마침내 슈바이처는 사랑하는 헬레네와 자신의 결심 앞에서 고민하기 시작했다. 그는 그녀와의 만남을 피하고 방황했다. 슈바이처가 자신 때문에 고심하고 있다는 사실을 알게 된 헬레네가 어느 날 그를 찾아왔다. 슈바이처는 헬레네를 한동안 바라보다가 결심이 선 듯 단호하게 말했다.

 "난 누구보다도 당신을 사랑하지만 오랫동안 계획해왔던 아프리카 원주민들을 돕는 의사의 꿈을 버릴 수 없소. 당신의 남은 생애를 밀림 속에서 나와 함께할 수 있겠소? 만일 당신이 이러한 나의 청혼을 받아들일 수 없다고 해도 난 당신을 원망하지 않을 거요."

헬레네는 슈바이처의 얼굴을 물끄러미 바라보았다. 그의 핼쑥해진 모습은 그동안 그가 얼마나 많이 고민했는지 알 수 있었다. 헬레네는 사랑하는 슈바이처의 얼굴을 바라보며 생긋 웃었다. 그리고 그의 손을 맞잡으며 말했다.

"그 동안 왜 혼자서만 그렇게 많은 고민을 하셨나요. 저도 정식으로 간호 교육을 받은 사람이에요. 간호사인 저 없이 당신 혼자 그 일을 모두 해낼 수 있다고 생각하셨나요?"

헬레네는 아프리카의 원주민들을 위한 간호사이자 슈바이처의 아내로서 평생 동안 살았다.

###  예화와 관련된 말씀

그는 사랑스러운 암사슴 같고 아름다운 암노루 같으니 너는 그의 품을 항상 족하게 여기며 그의 사랑을 항상 연모하라(잠 5:19).

헛된 평생의 모든 날 곧 하나님이 해 아래에서 네게 주신 모든 헛된 날에 네가 사랑하는 아내와 함께 즐겁게 살지어다 그것이 네가 평생에 해 아래에서 수고하고 얻은 네 몫이니라(전 9:9).

# 09 | 사랑 티켓

 게이아이 학원의 교장인 오오타 도시오 선생은 미국을 여행하던 중에 아름다운 경험을 했다. 오오타 선생은 추운 겨울 새벽녘이 되어 어느 역에 도착했다.

 눈 덮인 시골 역에는 좀처럼 인적을 찾아볼 수 없었다. 그는 하나님께 기도하면서 누군가 다가오기를 기다렸다. 그때 멀리서 전조등을 켠 자동차 한 대가 역 쪽으로 달려오는 것이 보였다.

 "아, 누군가 마중을 나왔구나" 하는 반가운 생각이 들었다. 차가 멈춰 서고 문이 열리자 낯선 얼굴이었다. 그 사람은 누군가를 찾는 듯이 두리번거리다가 다시 차를 몰고 떠났다.

 오오타 선생이 섭섭한 마음으로 멀어지는 차를 바라보고 있을 때, 무슨 영문인지 차가 되돌아오는 것이 아닌가? 그 사람은 차에서 내려 오오타 선생에게 말을 건넸다.

 "어느 쪽으로 가십니까? 태워다 드리겠습니다."

 오오타 선생은 감사하며 차에 올랐고 한 시간 넘게 눈길을 달려 집에 도착했다.

 오오타 선생은 조심스레 이름을 물었지만 그는 대답도 않은 채 웃으면서 다음과 같이 말하고 사라졌다.

"오늘은 12월 7일, 일본에게 진주만 공격을 받은 날입니다. 우연찮게 일본 분을 돕게 되어 기분이 좋네요. 앞으로 당신도 어려움을 당하는 사람들을 도와주십시오."

오오타 선생은 미움을 초월해 '사랑이 넘치는 친절'을 베푼 그 사람에게 큰 감동을 받았다. 마음에서 우러나는 친절은 인종과 국경을 뛰어넘는 사랑 티켓이다.

「인생은 아름다워」/ 미네노 다쓰히로

## 예화와 관련된 말씀

나는 너희에게 이르노니 너희 원수를 사랑하며 너희를 박해하는 자를 위하여 기도하라(마 5:44).

또 형제 사랑하기를 계속하고 손님 대접하기를 잊지 말라. 이로써 부지중에 천사들을 대접한 이들이 있었느니라(히 13:1,2).

# 10 | 공동체를 묶는 사랑의 끈

나는 복도를 지나갈 때 가끔 눈시울이 붉어지곤 한다. 장애 학생이 화장실을 향해 휠체어를 밀고 가면 뒤따르던 일반 학생이 화장실 문을 열어 준다. 자폐 성향이 있는 학생이 혼자 서 있으면 일반 학생이 다가가 슬그머니 손을 잡고 함께 걷는다. 흔히 일반 학생이 장애 학생을 도와준다고 생각한다. 그러나 천만의 말씀이다. 오히려 장애 학생이 일반 학생의 성숙을 돕는다.

장애 학생은 어떤 훈계도 없이 그 존재 자체로 일반 학생의 자존심과 고집스러움을 꺾어 주고 언제나 아기처럼 머물고자 하는 유치함을 버리게 한다.

그렇지만 일반 학생이 얻는 것도 있다. 하나님이 주신 생명을 소중히 여기고 사랑하는 마음을 갖는 것이다.

이것은 책 몇 권이 가르쳐 주는 것이 아니라 함께 살아가는 공동체의 사랑을 통해 배울 수 있는 것이다. 따라서 나는 통합 교육을 포기할 수 없다. 지금보다 몇 배의 경제적 손실을 본다고 하더라도 말이다. 나는 아이들에게 항상 말한다.

"얘들아, 너희는 장애 학생을 도와주는 게 아니야. 장애 학생은 도움을 받는 게 아니야. 너희는 그냥 함께 살아가는 거야."

하나님은 나만 부르시지 않고 우리 모두를 부르셨다.

「참으로 가벼운 세상 속에서의 진리」/ 찰스 콜슨

 **예화와 관련된 말씀**

친구는 사랑이 끊어지지 아니하고 형제는 위급한 때를 위하여 났느니라(잠 17:17).

베드로가 입을 열어 말하되 내가 참으로 하나님은 사람의 외모를 보지 아니하시고(행 10:34).

# 11 | 친구

미국 남북 전쟁 때에 베니는 군인으로 전쟁에 나가 싸움을 하고 있었다. 베니는 제미라는 사랑하는 친구와 한 부대에 있었는데 그 친구는 몸이 약한데다 병이 들었다. 밤 세워 행군을 해야 했지만 제미는 병든 몸으로 무거운 짐을 지고 걸어갈 수가 없었다. 베니는 짐을 대신 짊어지고 갔다. 하지만 그날 밤 보초가 제미였기 때문에 몸이 쇠약한 제미 대신 보초를 서게 되었다. 제미는 베니가 너무나 고마웠다. 그날 밤 베니는 보초를 서다 그도 모르는 사이에 졸았다. 서서 졸고 있는 모습을 연대장이 순시 중에 보고 말았다. 다음 날, 베니는 연대장 앞에 불려갔다.

"보초 중에 졸았다는 것은 용서할 수 없다. 군법에 의하여 사형을 언도한다."

이 사실을 알게 된 제미가 연대장을 찾아가 자기를 대신 죽여 달라고 애원했지만 소용없는 일이었다. 베니는 아버지께 편지를 썼다.

"……아버지! 결코 연대장님이나 제미를 원망하지 마십시오. 나는 당연히 나의 실수로 죽는 것 뿐입니다. 친구를 끝까지 돕지 못하고 죽게 됨을 용서해 주십시오……"

옆에서 아버지가 읽어보던 편지를 받아 읽어본 베니의 동생 부르솜은 밀 역까지 달려와 워싱턴 열차를 탔다. 부르솜은 즉시 백악관으로 달려가 링컨 대통령을 만나고자 했다. 정문 앞에서 수위에게 거절당했지만 겨우 사정하여 만날 수 있었다.

"대통령 각하! 우리 오빠를 살려 주십시오."

부르솜은 오빠가 사형을 받게 되기까지의 이야기를 들려 주었다.

"아가야, 집으로 돌아가서 너의 아버지에게 말해라. 아브라함 링컨은 베니의 생명이 너무나 귀하므로 살려 주더라고 말이야."

다음 날 역에서 베니는 사람들에게 싸여 집으로 오고 있었다. 대통령의 특명으로 베니는 영예롭게 제대가 되어 돌아온 것이다.

### 예화와 관련된 말씀

> 사람이 친구를 위하여 자기 목숨을 버리면 이보다 더 큰 사랑이 없나니(요 15:13).

# 12 | 사랑 받는 사람들의 공통점

• **남에게 무리한 요구를 하지 않는다.**

다른 이의 마음을 헤아릴 줄 아는 사람은 사랑받는다. 또 너무 완벽을 추구하지 않고 알맞게 너그럽다. 남에게도 지나친 요구를 하지 않으며 과잉 친절이나 배려로 부담을 주지 않는다.

• **기다릴 줄 안다.**

기다려야 하는 시간을 헛되다고 생각하지 않고, 오히려 즐거운 시간으로 바꾼다. 모임에서 늦는 사람이 있을 때, 즐거운 이야기로 지루한 시간을 잊게 만든다.

• **혼자서도 즐길 줄 안다.**

자기 일을 알아서 해결하고 혼자서도 즐길 줄 아는 사람은 자기가 즐겁다고 생각한 것들을 다른 사람들에게 나누어 준다.

자기 인생의 목표를 정하여 즐겁게 몰두할 수 있는 자기만의 일이나 취미를 찾는다.

• 의지가 된다.

남의 실패도 진심으로 걱정해 주며 다른 사람에 대한 험담이나 나쁜 소문이 돌았을 때 퍼뜨리지 않고 자기 자신에게서 멈춘다.

위로나 충고를 할 때는 상대방의 입장을 충분히 생각한 뒤 감정에 치우치지 않고 객관적으로 말해준다.

• 다른 사람을 높여준다.

누구에게나 한 가지 좋은 점은 있게 마련이다. 사람들은 남의 단점보다는 장점을 찾아내고 이를 칭찬할 줄 아는 사람을 좋아한다.

무엇보다도 자기 자신을 사랑하면서 나를 높이는 것이 중요하다.

## 예화와 관련된 말씀

너희가 만일 너희를 사랑하는 자만을 사랑하면 칭찬 받을 것이 무엇이냐 죄인들도 사랑하는 자는 사랑하느니라(눅 6:32).

# 13 | 물 한 컵의 사랑

　영국의 시드니 장군은 전쟁에서 심한 부상을 입고서도 승리를 위해 고통을 참으며 끝까지 자리를 지켰다.
　마침내 전쟁이 성공적으로 끝나고 장군은 후방으로 옮겨졌다. 후방으로 옮겨진 장군은 목이 말라 물을 찾았으나 병사들이 갖고 있던 물통에는 겨우 몇 방울만이 남아있었다.
　병사들은 자신의 물통에 남아있는 몇 방울의 물을 모아 간신히 한 컵의 물을 받아 시드니 장군에게 가져갔다.
　목이 말랐던 장군이 물 컵을 받아드는 순간 심한 부상을 입은 채 물 컵을 바라보고 있는 어느 병사의 간절한 눈빛과 마주치게 되었다.
　장군은 부관을 불러 이렇게 말했다.
　"이 물을 저 병사에게 주게. 나는 더 참을 수 있으니."
　"아닙니다. 이 물은 장군님을 위해 모은 것입니다. 어서 드시지요."
　"어서 주라니까. 저 병사가 마시는 것을 보고 싶네."
　그리고는 갈증에 시달리는 병사에게 물을 마시도록 권했다. 병사는 눈물을 흘리며 물을 마셨다. 장군은 그 모습을 보며 흐뭇한 미소를 띠었고 옆에서 지켜보던 많은 부상병들은 눈시울을 붉혔다.

목마름을 채우기보다는 다른 사람을 채워줄 수 있는 넉넉한 마음이 그리워진다.

### 예화와 관련된 말씀

네 생각에는 이 세 사람 중에 누가 강도 만난 자의 이웃이 되겠느냐 이르되 자비를 베푼 자니이다 예수께서 이르시되 가서 너도 이와 같이 하라 하시니라(눅 10:36,37).

# 14 | 사랑에는 유통기한이 없다네

"손님, 어떤 빵을 찾고 계십니까?"

벌써 이십 분째, 물건은 안사고 진열된 빵들을 이리저리 뒤적거리는 청년에게 편의점 주인은 참다못해 말을 걸었다. 그러자 청년이 이렇게 말을 했다.

"유통기한을 봤어요. 혹시 유통기한이 지난 빵을 진열하지 않았나 해서…"

"몇 개는 유통기한이 오늘까지지만 안심하고 드셔도 좋을 빵만 있습니다."

"그렇군요."

말도 안 되는 이유를 대고 있는 청년은 언뜻 보기에도 지저분했다. 오랫동안 씻지 않았는지 몸에선 이상한 냄새가 났지만 주인은 그런 청년을 내쫓지 않았다.

자정 무렵이 되자 청년은 조심스레 빵 하나를 집어 진열대 위에 올려놓았다. 그리곤 시계가 열두 시를 막 넘어서는 순간 기다렸다는 듯 그 빵을 들고 계산대로 가져가더니 갑자기 밖으로 뛰어나가는 게 아니겠는가? 힘이 없는지 얼마 못 가 털썩 주저앉는 청년의 어깨 위로 잠시 후 누군가의 손이

다가왔다. 돌아보니 놀랍게도 편의점 주인이었다. 당황한 청년은 들고 있던 빵을 서둘러 내밀었다.

"용서해 주십시오. 며칠째 아무 것도 먹지 못해 훔쳤습니다. 이 빵은 자정이 넘었기 때문에 유통기한이 지난 거예요."

그러자 편의점 주인은 주머니에서 우유를 꺼내 건네주며 이렇게 말했다.

"젊은이, 사랑에는 유통기한이 없으니 이것과 함께 천천히 들게나."

### 예화와 관련된 말씀

가난한 자를 보살피는 자에게 복이 있음이여 재앙의 날에 여호와께서 그를 건지시리로다(시 41:1).

가난한 자를 불쌍히 여기는 것은 여호와께 꾸어 드리는 것이니 그의 선행을 그에게 갚아 주시리라(잠 19:17).

# 15 | 작은 사랑 큰 치유

인도의 존 카르메건이라는 환자에 관한 이야기다. 그가 우리를 찾아왔을 때는 이미 나병이 많이 진전된 상태여서 수술로 그를 도울 수 있는 방법은 거의 없었다. 그러나 우리는 그에게 머무를 곳을 주고 일자리도 주었다. 존은 처음부터 말썽꾸러기였다.

우리는 존이 마을에서 다른 아이들의 물건을 훔치는 것을 여러 차례 잡았다. 그는 동료 환자들을 잔인하게 대했으며 모든 권위를 부정했다. 심지어 배가 아프다고 데모를 일으키기도 했다. 거의 모든 사람이 그를 재활이 불가능한 사람이라고 생각했으나 브랜드 할머니는 그를 보살피며 그와 함께 많은 시간을 보내셨다. 그래서 결국 그는 그리스도인이 되었다. 그러나 회심이 존의 인격에 즉각적인 영향을 미치지는 못했다.

어느 날 벨로어에 있는 타밀 교회에 허락을 얻어 존을 데리고 예배에 참석했다. 회중이 일어서서 첫 번째 찬송을 부를 때 뒤쪽에 앉은 한 인도인이 몸을 180도 돌리더니 우리를 보았다. 우리의 모습은 어울리지 않는 한 쌍이었다. 어떤 백인 외국인이 이상하고 흉측한 누더기 같은 피부의 나환자와 나란히 앉아 있었으니 말이다. 그런데 그 순간 그 사람이 자기 찬송가를 내려놓더니 환하게 웃으면서 자기 옆 자리를 손으로 두드리며 존에게 오라고 손짓했다. 존의 놀라움은 이루 말로 표현할 수 없었다. 머뭇거리던 그는 발을 질질 끌며 그 사람이 앉아 있는 곳으로 갔다.

그 사건이 존의 생애에서 전환점이 되었다. 의학적 치료, 애정 어린 보살핌, 재활 훈련 등이 나름대로 도움을 주긴 했으나 그를 진정으로 변화시킨 것은 불구가 된 그리스도인 형제를 자기와 함께 떡을 떼자고 부른 한 나그네의 초청이었다.

### 예화와 관련된 말씀

내 사랑하는 형제들아 들을지어다 하나님이 세상에서 가난한 자를 택하사 믿음에 부요하게 하시고 또 자기를 사랑하는 자들에게 약속하신 나라를 상속으로 받게 하지 아니하셨느냐(약 2:5).

# 16 | 사랑의 A, B, C, D, E, F, G

사랑의 A는 'Accept'로서 있는 그대로 받아들이는 것이다. 상대방을 고치려 해서는 안 된다. 존 그레이 박사는 "결혼이란 화성인인 남자와 금성인인 여자가 지구에서 만나 함께 지구인이 되는 것"이라고 했다.

사랑의 B는 'Believe'로서 믿는 것이다. 신뢰를 바탕으로 하나 된 가정이 행복하다. 한 지붕 아래 살면서 의심을 한다면 마치 어느 영화제목처럼 '적과의 동침'과 다름없다.

사랑의 C는 'Care'로서 돌보는 것이다. 사랑한다면 상대방을 책임지고 돌보아야 한다. '돌봄'은 곧 관심이다. 기쁘고 행복할 때보다 어렵고 힘들 때에 돌보는 것이 더욱 값진 것이다.

사랑의 D는 'Desire'로서 기대한다는 것은 소망을 갖고 꿈을 갖는 일이다. 서로가 잘되기를 위하여 함께 달려가는 것이다. 앞으로 크게 될 것을 기대하고 소원하는 것이다.

사랑의 E는 'Erase'로서 지워버리는 것이다. 상대방의 허물은 빨리 잊어야 한다. 약점을 덮어주어야 한다. 자꾸 들추어내는 것은 사랑이 아니다.

사랑의 F는 'Forgive'로서 용서하는 것이다. 과거의 실수와 잘못을 용납해주는 것이다. 용서에는 아무런 조건이 없어야 한다.

사랑의 G는 'Give'로서 주는 것이다. 주고받는 것이 사랑이지만 더 큰 기쁨을 주는 사랑은 받는 것보다 줄 때이다.

 **예화와 관련된 말씀**

> 범사에 여러분에게 모본을 보여준 바와 같이 수고하여 약한 사람들을 돕고 또 주 예수께서 친히 말씀하신 바 주는 것이 받는 것보다 복이 있다 하심을 기억하여야 할지니라(행 20:35).

# 17 | 사랑의 눈으로

한 소년이 엄마의 생일을 맞아 내의를 선물하려고 백화점을 찾았다. 점원 아가씨가 소년에게 엄마의 옷 치수를 물었다.

"엄마 치수가 몇이니?"

"치수요? 잘모르겠는데요…"

점원 아가씨는 다시 물었다.

"그러면 엄마의 키가 크시니, 작으시니? 또 뚱뚱한 편이시니, 날씬한 편이시니?"

그러자 소년은 활짝 웃으면서 대답했다.

"우리 엄마는 완벽해요. 우리 엄마는 굉장한 미인이거든요."

완벽하다는 말에 점원 아가씨는 가장 날씬한 치수의 내의를 예쁘게 포장하여 소년에게 건네주었다.

그런데 다음날 소년이 찾아와서 내의를 바꾸어 갔다. 그 소년이 바꿔간 내의의 치수는 가장 큰 사이즈였다.

사랑의 눈으로 바라보면 모든 것이 아름다워 보인다. 사랑하는 사람의 눈에는 상대의 단점보다 장점이 가장 먼저 보인다. 그래서 사랑은 사람의 눈을 멀게 한다고 한다. 당신은 사랑의 눈으로 세상을 보고 평가하고 있는가?

## 예화와 관련된 말씀

내가 아버지의 계명을 지켜 그의 사랑 안에 거하는 것 같이 너희도 내 계명을 지키면 내 사랑 안에 거하리라(요 15:10).

내가 예언하는 능력이 있어 모든 비밀과 모든 지식을 알고 또 산을 옮길 만한 모든 믿음이 있을지라도 사랑이 없으면 내가 아무 것도 아니요(고전 13:2).

# 18 | 사랑의 힘

 미국의 한 중환자 병동에 아주 심한 화상을 입고 생사의 기로를 헤매는 십대 초반의 어린 소년이 있었다.

 그런데 그날따라 처음 자원봉사를 나온 대학생 한 명이 멋모르고 중환자 병동에 들어와(원래 자원 봉사자들은 중환자 병동에는 들어오지 않도록 되어 있었다.) 이 소년의 기록을 보고 나이를 확인한 다음, 중학교 2학년 과정에 해당되는 영어 문법의 동사 변화를 가르치기 시작했다.

 물론, 소년이 알아듣는지 못 알아듣는지를 확인할 수는 없었지만 이 순진한 대학생 자원봉사자는 며칠 동안을 열심히 가르쳤다.

 그런데 놀라운 일은 의사들이 회복 가능성이 아주 희박하다고 판정을 내렸던 이 소년의 상태가 기적같이 나아지기 시작한 것이다.

 한 주, 두 주가 지나면서 완전히 고비를 넘기고 정상으로 돌아오고 있음에 모두가 놀라며 이 소년의 회복 원인에 대해 다들 궁금해 했다.

 얼굴의 붕대를 풀던 날 소년에게 그 원인이 뭐냐고 물었다. 소년의 대답이 걸작이었다.

"사실은 저도 가망이 없다고 스스로 포기하고 있었는데 한 대학생 형이 와서 다음 학기 영어 시간에 배울 동사 변화를 가르쳐 주기 시작해서 놀랐습니다.

그 형은 '네가 나아서 학교에 돌아가면 이것들을 알아둬야 공부에 뒤떨어지지 않을 거야' 라고 하더군요. 그때 저는 확신했죠. '아, 의사 선생님들이 내가 나을 수 있다고 판단했나 보다. 그렇지 않고서야 이렇게 붕대를 칭칭 감고 있는 나에게 다음 학기 동사 변화를 가르쳐 줄 리가 없지.' 그때부터 마음이 기쁘고 소망이 생기기 시작했습니다."

### 예화와 관련된 말씀

> 그러나 이 모든 일에 우리를 사랑하시는 이로 말미암아 우리가 넉넉히 이기느니라(롬 8:37).

# 19 | 사랑에 대한 명언

- 사랑의 으뜸가는 의무는 상대방의 말에 귀 기울이는 일이다.(폴 틸리히)
- 하늘에는 별이 있고 땅에는 꽃이 있다. 사람에게는 사랑이 있어야 한다.(괴테)
- 사랑에는 세 종류가 있다. 아름다운 사랑, 헌신적인사랑, 활동적인 사랑.(톨스토이)
- 사랑은 모든 것을 이긴다.(힐 티)
- 전혀 사랑하지 않는 것보다 사랑을 하고 실연을 당하는 것이 더 낫다.(알프레드 테니슨)
- 진정한 사랑은 상대방이 잘 되길 바라는 것이다. 낭만적인 사랑은 단지 상대방이 있기만을 바라는 것이다.(마가렛 앤더슨)
- 사랑은 사람을 행복하게 한다. 사랑은 인간과 신을 맺어주기 때문이다.(톨스토이)
- 사랑은 끝없는 신비이다. 그것을 설명할 수 있는 것이 전혀 없기 때문이다.(R.타고르)
- 죽음보다 강한 것은 이성이 아니라 사랑이다.(T.만)

- 사랑은 눈으로 보지 않고 마음으로 본다.(세익스피어)
- 나는 사랑하는 여자의 도움과 뒷받침 없이는 제대로 왕으로서의 중책을 맡아 그 의무를 다할 수 없음을 알았다. (에드워드 8세)
- 어려운 것은 사랑하는 기술이 아니라 사랑 받는 기술이다.(도데)
- 사랑은 자기도 모르는 가운데 찾아온다. 우리는 다만 그것이 사라져 가는 것을 볼 뿐이다.(돕슨)
- 연애를 하면 누구나 자기를 속이는 데에서 시작되고 남을 속이는 데에서 끝나는 것이 보통이다. 이것이 세상의 이른 바 로맨스이다.(오스카 와일드)

### 예화와 관련된 말씀

하나님이 우리를 사랑하시는 사랑을 우리가 알고 믿었노니 하나님은 사랑이시라 사랑 안에 거하는 자는 하나님 안에 거하고 하나님도 그의 안에 거하시느니라(요일 4:16).

# 20 | 남편의 사랑

　미국에 한 중년 부부가 있었는데 아내의 시력이 너무 나빠 눈 수술을 해야만 했다. 그런데 수술이 잘못되어 실명 하고 말았다.

　그 후 남편은 매일 같이 아내의 직장까지 아내를 출근시켜 주고 하루 일과가 끝난 후에는 집까지 데려다 주었다.

　그런데 어느 날, 갑자기 남편이 아내에게 서로 직장이 너무 머니 이제는 혼자 출근하라고 말했다.

　이 말에 아내는 남편에게 너무나 섭섭해 했고 사랑하는 남편이 그런 말을 한 것에 대해 배신감까지 느꼈다. 그리곤 이를 악물고 살아야야겠다는 결심을 한 후, 그 다음 날부터 혼자 출근하기 시작했다.

　지팡이를 짚고 버스를 타고 하면서 많이 넘어지기도 하고 울기도 하면서 혼자 다니는 훈련을 하기 시작했다.

　그리고 어느 정도 익숙해진 2년... 버스운전 기사가 어느 날 이 부인에게 이렇게 얘기했다.

　"아줌마는 복도 많소. 매일 남편이 버스에 함께 앉아 있어 주고 부인이 직장 건물에 들어가는 순간까지 지켜보다가 등 뒤에 손을 흔들어주며 보이지 않는 격려를 해주니까요."
　이 말을 들은 부인은 울음을 터뜨리고 말았다고 한다.

 **예화와 관련된 말씀**

형제들아 너희가 자유를 위하여 부르심을 입었으나 그러나 그 자유로 육체의 기회를 삼지 말고 오직 사랑으로 서로 종 노릇 하라(갈 5:13).

피차 사랑의 빚외에는 아무에게든지 아무 빚도 지지말라 남을 사랑하는 자는 율법을 다 이루었느라(롬 13:8).

# 21 | 너를 사랑한다

 큰 사업을 하는 부자의 아들이 경비행기를 타고 사막을 지나다가 추락했다. 아버지는 수색대를 조직해 며칠 동안 사막을 샅샅이 찾아보았다.

 그러나 불행하게도 어디가 추락지점인지, 또 아들이 생존해 있는지 알 길이 없었다. 며칠 뒤 추락 지점을 발견했지만 비행기의 잔해와 비행사의 시체만 있고 아들의 시체는 없었다. 아버지는 일단 아들이 살아있다고 생각하고 이제는 아들을 구출할 작전을 구상하며 기도 드렸다.

 "하나님, 내 아들이 살았는지, 살았으면 어디에 있는지 저로서는 알 수 없습니다. 저와 제 아들을 도와주시옵소서." 기도가 끝난 후 아버지는 수백만 장의 전단을 사막에 뿌리기로 했다. 그러나 전단에 무엇이라 쓸 것인가?

 사막에서 생존할 수 있는 방법을 쓸 것인가, 무엇을 잡아먹고 사나운 짐승을 어떻게 피할 것인지를 써야 할 것인가? 난감했다.

 고심을 하던 아버지는 결국 이렇게 썼다.

 "아들아, 너를 사랑한다."

마침내 굶주림과 목마름으로 기진맥진하고 좌절감으로 죽어가던 아들이 이 전단을 받아보게 되었다.

아들은 '아빠가 나를 사랑한다. 그렇다면 아빠는 반드시 나를 찾아올 것이다. 용기를 가지고 버티자' 하며 힘을 내었다.

얼마 후, 아들은 수색대에 의해 구출되었다. 아들은 아버지의 사랑을 믿었기에 극한 어려움을 극복할 수 있는 힘이 생겼던 것이다

 **예화와 관련된 말씀**

> 긍휼이 풍성하신 하나님이 우리를 사랑하신 그 큰 사랑을 인하여 허물로 죽은 우리를 그리스도와 함께 살리셨고 (너희는 은혜로 구원을 받은 것이라) 또 함께 일으키사 그리스도 예수 안에서 함께 하늘에 앉히시니 이는 그리스도 예수 안에서 우리에게 자비하심으로써 그 은혜의 지극히 풍성함을 오는 여러 세대에 나타내려 하심이라(엡 2:4~7).

# 22 | 사랑 없는 율법

결혼한 후 폭군같이 변한 남편과 30년을 살아왔던 한 여자의 고백이다. 출근하기 전에 남편이 아내의 입술에 사랑의 키스를 하는 것이 관례인데, 이 여자의 남편은 키스 대신에 자기가 돌아오기 전에 아내가 집안에서 해야 할 일들이 적힌 쪽지를 주었다.

만약에 쪽지에 적힌 사항을 하나라도 빼 먹으면 남편은 폭군으로 변하여 엄청난 폭력을 사용했기에, 남편이 돌아오기 전에 임무를 완수하기 위해 최선을 다해야 했다. 그러다 보면 하루가 다 가고 남편이 돌아오는 시간에는 녹초가 되고 말았다. 30년을 이렇게 살다 보니까 집이 감옥과 같았다.

팔자타령을 하며 하루하루 지겨운 삶을 살아오던 중에 갑자기 남편이 암에 걸려 죽었다.

몇 년이 지난 후에 그녀는 자기를 존중해 주고 사랑해 주는 한 남자를 만나서 과거의 모든 것을 잊고 재혼을 하게 되었다. 살던 집에다 신혼살림을 꾸몄는데, 하루는 소파를 청소하다가 쿠션 사이에서 구겨진 종이쪽지를 발견했다. 그 쪽지를 펴서 읽던 그녀의 두 눈에서 눈물이 흘러내렸다. 자신의 30년 인생을 빼앗은 전 남편의 지겨운 쪽지였기 때문이다. 읽어 내려가다 보니까 조목조목 적어 놓은 항목보다 지금 사랑하는 사람과 함께 살면서 하는 일이 더 많다는 것을 알았다.

여인은 그 쪽지를 찢어 쓰레기통에 넣으며 말했다.

"나는 지금 여기 적힌 것보다 그 이상의 것을 하고 있단 말이야. 이런 쪽지에 적힌 목록이 없이도 말이야."

사랑이 왜 중요한지, 사랑이 없는 율법이 왜 이처럼 위험한 것인지 잘 말해 주는 이야기이다.

 **예화와 관련된 말씀**

> 이와 같이 남편들도 자기 아내 사랑하기를 자기 자신과 같이 할지니 자기 아내를 사랑하는 자는 자기를 사랑하는 것이라 (엡 5:28).
>
> 마음을 같이하여 같은 사랑을 가지고 뜻을 합하며 한마음을 품어(엡 2:2).

# 23 무관심은 죄

한 소년이 집에서 과일 잼을 훔쳐 먹었다. 아버지는 소년에게 벌을 내렸다.

"넌 오늘 밤 열리는 파티에 갈 수 없다."

소년은 아주 우울한 하루를 보냈다. 그날 밤 파티에 다녀온 형이 자랑을 했다.

"오늘 참 대단한 파티였어. 화려한 춤과 음식들이 정말 환상적이었어."

그러자 소년이 퉁명스럽게 대꾸했다.

"훌륭하면 뭐해. 내가 안 갔는데 뭘…"

아버지가 조용히 소년을 불렀다.

"아들아, 넌 다른 사람이 행복한 걸 보고 함께 기뻐할 줄 모르는구나. 타인에 대한 무관심과 이기심이 바로 죄란다."

소년은 그 말에 충격을 받았다.

그리고 자신보다 남을 먼저 생각하게 됐다. 이 소년이 장성해 프랑스의 지도자가 됐다. 쫓기는 유대인에게 자신의 신발을 벗어주고 자신은 눈길을 맨발로 걸었다.

그는 또 빈민구호단체 엠마우스를 설립했다.

이 사람이 바로 피에르 신부이다. 우리는 삶의 채석장에서 일하는 인부이다. 이웃 없이 나만 행복할 것인가, 아니면 이웃과 더불어 행복할 것인가? 그것이 삶의 방향을 바꾸어 놓는다.

### 예화와 관련된 말씀

이는 그들로 마음에 위안을 받고 사랑 안에서 연합하여 확실한 이해의 모든 풍성함과 하나님의 비밀인 그리스도를 깨닫게 하려 함이니(골 2:2).

## 24 이웃에게 관심과 사랑을

선교사가 이제 막 예수를 믿기 시작한 인도 사람에게 예수님을 어떻게 생각하느냐고 물었다. 그러자 그는 아주 이상한 방법으로 자기 생각을 표현했다. 그는 허리를 구부리고 땅에 앉더니 마른 나뭇잎을 모아 동그라미를 만들어 놓고 그 가운데 벌레를 한 마리 놓은 다음 나뭇잎에 불을 붙이는 것이었다. 불은 삽시간에 빙 돌아 붙었다.

그러자 벌레는 겁에 질려 밖으로 기어 나오려고 꿈틀거렸다. 그러나 결국 힘에 부쳤는지 꼼짝도 못하고 자신을 구해내려는 노력은 헛수고가 되고 말았다.

그러자 인도 사람은 손을 내밀어 그 불쌍한 처지에 있는 벌레를 죽음에서 건져내었다. 그리고 땅에 내려놓으며 말했다.

"예수님은 나를 위하여 바로 이렇게 하셨소."

우리 주변에는 도와달라고 절규하는 이웃들이 참으로 많다. 우리가 '선한 사마리아인의 비유'를 성경에 기록된 재미있는 이야기가 아니라 하나님께서 지금 내게 일깨워 행하게 하시는 생명의 말씀으로 받아들인다면 우리는 먼저 우리의 이기심을 버리고 예수께서 우리에게 하셨던 것처럼 이웃에게 관심을 가져야 한다. 그리고 그들의 소리에 귀를 기울이고 손을 펼쳐 그들을 도와주어야 한다.

그리할 때 우리의 마음 중심을 감찰하시는 하나님께서도 우리가 행한 대로 갚아 주시는 것이다.

### 예화와 관련된 말씀

너는 사망으로 끌려가는 자를 건져 주며 살육을 당하게 된 자를 구원하지 아니치 말라(잠 24:11).

# 25 지극한 보살핌

　미국의 유명한 교육학자가 시골에 있는 어느 학교를 방문했다. 그는 수업 중인 1학년 교실로 들어가 선생님에게 다음과 같이 말했다.

　"선생님, 지금 수업을 받고 있는 학생들 중 노란 옷을 입은 소녀와 저기 저 소년은 뛰어난 머리를 가진 천재입니다. 그러니 깊은 관심과 애정으로 보살펴 주신다면 반드시 위대한 인물이 될 것입니다."

　교사는 이 유명한 교육학자의 말을 받들어 지극정성으로 그 두 아이를 보살폈다. 그 결과 두 아이는 졸업할 때 가장 좋은 성적을 거뒀다.

　그의 예언이 적중한 것에 감동한 교사는 교육학자에게 감사의 뜻을 전했다. 그러자 교육학자는 다음과 같은 글을 교사에게 보냈다.

　'존경하는 선생님, 사실 그 두 아이는 제가 전혀 모르는 아이였습니다. 저는 다만 눈에 띄는 아이 두 명을 골라 선생님에게 부탁했을 뿐입니다.

　이로써 전 결론적으로 말할 수 있게 되었습니다. 즉 선생님의 지극한 사랑과 보살핌을 받게 된 아이들은 자신의 능력과는 상관없이 무한히 발전할 수 있다는 것을 말입니다.'

이처럼 사랑은 많은 능력과 예상하지 못했던 결과로 나타나게 되는 것이다.

### 예화와 관련된 말씀

또 주께서 우리가 너희를 사랑함과 같이 너희도 피차간과 모든 사람에 대한 사랑이 더욱 많아 넘치게 하사(살전 3:12).

# 03
# 이처럼 사랑하사

하나님이 세상을 이처럼 사랑하사 독생자를 주셨으니 이는 그를 믿는 자마다 멸망하지 않고 영생을 얻게 하려 하심이라 (요 3:16).

# 01 사랑의 3점 슛터

프로농구 원년 3점 슛 챔프 정인교 선수는 3점 슛을 통해 유니세프에 성금 내는 일을 하였다.

처음에 정 선수 개인적으로 소박하게 시작한 일이었는데 이 소식이 사람들 사이에 전해지고 정 선수가 3점 슛을 넣을 때마다 성금을 내는 손길들이 모아져서 프로농구 원년에 8백 여 만원의 성금을 유니세프에 기탁할 수 있었다.

그의 바람 하나는 비록 어렵지만 주일 성수하여 신앙생활을 열심히 하는 것과 하나님이 지켜보시는 가운데서 농구를 제일 멋지게 하고 싶은 것 이었다.

"3점 슛을 통한 유니세프 기금 마련은 은퇴할 때까지 할 생각입니다. 남보다는 많이 버니까 3점 슛을 많이 넣어 사람들을 도왔으면 해서요."

정인교 선수의 별명이 사랑의 3점 슛터인 까닭은 바로 이 때문이었다.

주님의 이름으로 소자에게 베푸는 것을 주님은 기억하신다. 말로만 아니라 사랑을 실천하는 사람이 되자.

'주님, 사랑을 먼저 실천하는 사람이 되게 하옵소서.'

돈을 사랑치 말고 마땅히 받을 자에게, 나보다 없는 자에게 나눠주어 선한 일에 부요하게 되는 복을 받도록 하자.

## 예화와 관련된 말씀

돈을 사랑하지 말고 있는 바를 족한 줄로 알라 그가 친히 말씀하시기를 내가 결코 너희를 버리지 아니하고 너희를 떠나지 아니하리라 하셨느니라(히 13:5).

너희를 위하여 보물을 땅에 쌓아 두지 말라 거기는 좀과 동록이 해하며 도둑이 구멍을 뚫고 도둑질하느니라 오직 너희를 위하여 보물을 하늘에 쌓아 두라 거기는 좀이나 동록이 해하지 못하며 도둑이 구멍을 뚫지도 못하고 도둑질도 못하느니라 네 보물 있는 그 곳에는 네 마음도 있느니라(마 6:19~21).

## 02 | 목숨까지 주는 사랑

 사랑은 꽃처럼 아름답고 보석처럼 고귀하다. 그러나 그것은 받는 사랑이 아니라 주는 사랑에 대한 찬사이어야 할 것이다. 참된 사랑의 행복은 주는 것이며 준다는 것은 언제나 헌신과 희생을 동반한다.

 큰 가시고기는 지구상의 어떤 생물보다도 부성애가 강한 물고기이다. 큰 가시고기는 봄이 되면 암수가 무리지어 하천으로 올라온다. 산란을 위해서이다.

 수컷은 물풀이 무성한 곳을 찾아 둥지부터 짓는데 둥지가 완성되면 암컷을 정중히 맞아들인다. 그러나 알을 낳은 어미는 곧장 미련 없이 둥지를 떠나 버린다. 자식과 남편을 버린 비정한 어미인 셈이다.

 그때부터 큰 가시고기의 눈물겨운 희생이 시작된다. 큰 가시고기는 알의 부화에 필요한 산소를 공급하느라 먹지도 않고 앞 지느러미로 쉼 없이 부채질을 하는 것이다. 마지막 한 마리까지 새끼들을 부화시킨 큰 가시고기의 주둥이는 다 헐고 몸은 만신창이가 된다.

 마침내 부화한 자식들이 모두 떠나간 둥지 앞에서 큰 가시고기는 조용히 숨을 거둔다.

며칠 후 둥지를 떠났던 새끼들이 죽은 아버지의 몸 주위로 모여든다. 새끼들은 자신들을 위해 죽기까지 희생한 아버지의 살을 파먹기 위해 돌아온 것이다.

세상엔 많은 사랑이 있지만 대부분의 사랑은 이기적인 이해관계가 얽혀있는 사랑이다. 그러나 참 사랑은 나를 버리고 너를 살리는 희생을 자양분 삼아 피어나는 꽃이다.

 **예화와 관련된 말씀**

내 살을 먹고 내 피를 마시는 자는 내 안에 거하고 나도 그의 안에 거하나니(요 6:56).

그가 찔림은 우리의 허물 때문이요 그가 상함은 우리의 죄악 때문이라 그가 징계를 받음으로 우리는 평화를 누리고 그가 채찍에 맞음으로 우리는 나음을 받았도다(사 53:5).

# 03 | 인생열쇠 – 사랑

시간과 노력이 든다 해도 아름다운 유산을 남기기 위해서는 필히 이 과정을 거쳐야 한다. 나는 어렸을 때 사랑이란 다양한 형태로 온다는 것을 배웠다.

열다섯 살 때 나는 내 또래의 다른 아이들보다 몸집이 작았는데 나의 형 카알은 나를 못살게 구는 녀석들 세 명과 한꺼번에 싸워 주는 것으로 나를 사랑했다.

나의 누이 엘리자베스는 늘 내 말을 귀담아 들어 주고 내게 친절하게 대답해 주는 것으로 나를 사랑했다.

나의 아버지께서는 나를 잘 가르치시고 훈련시키시며, 또 나와 함께 시간을 보내시는 것으로 나를 사랑하셨다.

나의 어머니께서는 남을 용서하는 법과 친구를 사귀는 법, 하나님을 알아 가는 법을 몸소 보여 주시는 것으로 나를 사랑하셨다.

그러나 주위 사람들의 사랑이 내 삶을 완전한 것으로 만들어 주지는 않았다. 나는 많은 좌절과 상실은 물론 수많은 상처와 실망도 경험했다. 그러나 하나님이 말씀하신 사랑을 알게 될 때, 사랑은 우리에게 끝없는 자유를 가져다준다.

그분이 있기에 가능한 사랑이 있다. 예수님이 말씀하셨다. "네 마음을 다하고 목숨을 다하고 뜻을 다하고 힘을 다하여 주 너의 하나님을 사랑하라…둘째는 이것이니 네 이웃을 네 몸과 같이 사랑하라"(막 12:30,31).

예수님이 우리에게 보이신 그 사랑의 본이 여기 있다.
▷ 낮고 천한 사람들과 이야기하기 위해 걸음을 멈추셨다.
▷ 가는 곳마다 정의를 심으셨다.
▷ 버림받은 이들을 치유해 주셨다.
▷ 죄인들과 함께 잡수셨다.
▷ 가난한 자들을 돌보셨다.
▷ 자신의 뜻을 포기하셨다.
▷ 우리를 위해 자신의 몸을 버리고 하나님 뜻에 복종하셨다.
▷ 우리가 아직 죄인이었을 때 그 죄를 위해 십자가에서 죽으셨다.

## 예화와 관련된 말씀

하나님이 세상을 이처럼 사랑하사 독생자를 주셨으니 이는 그를 믿는 자마다 멸망하지 않고 영생을 얻게 하려 하심이라(요 3:16).

## 04 | 가장 위대한 분이 날 사랑 하신다

언젠가 비행기를 갈아타기 위해 공항에 앉아 있으면서 내 인생이 너무나 보잘 것 없다는 사실에 낙심한 적이 있다.

공항 터미널을 바쁘게 오가는 수많은 사람들 가운데 아무도 아는 이를 찾을 수 없다는 것, 텔레비전에 나오는 사람들 가운데 어느 누구도 나의 존재를 모른다는 것, 엄청나게 많은 업적을 남기고 있는 사람들에 비해 너무나 적은 일을 감당하고 있다는 것을 생각하는 순간, 내 마음은 쪼그라들었다. 스스로에 대한 무가치함, 무기력, 열등감이 일시에 몰려왔다. 나는 이런 기분을 떨쳐내기 위해 계시록 1장을 묵상했다.

"우리를 사랑하사 그의 피로 우리 죄에서 우리를 해방하시고 그 아버지 하나님을 위하여 우리를 나라와 제사장으로 삼으신 그에게 영광과 능력이 세세토록 있기를 원하노라 아멘"(계 1:5~6).

전 세계적으로 가장 영향력 있는 사람 중 하나는 아마 미국 대통령일 것이다. 그러나 그가 얼마나 오랫동안 대통령의 권좌에 머무를 수 있는가? 지금으로부터 50년 정도의 세월이 흐른다면, 역사책을 공부하지 않는 한 그의 이름이나 업적을 기억하는 사람이 몇이나 될까?

그러나 예수님은 역사상 미국을 비롯한 전 세계와 온 우주에서 가장 중요한 인물이었고, 현재는 물론 앞으로도 영원무궁토록 가장 중요한 존재이시다! 그런 분이 나를 위해 죽으셨고, 지금 나를 다스리고 계시며, 언젠가 나를 위해 다시 오실 텐데, 내가 어떻게 실의에 빠져 있을 수 있는가?

주 예수 그리스도께 나는 매우 가치 있는 사람이다. 그러므로 나 자신을 과소평가해서는 안 된다.

### 예화와 관련된 말씀

사랑은 여기 있으니 우리가 하나님을 사랑한 것이 아니요 하나님이 우리를 사랑하사 우리 죄를 속하기 위하여 화목 제물로 그 아들을 보내셨음이라(요일 4:10).

하나님의 사랑하심을 받은 형제들아 너희를 택하심을 아노라(살전 1:4).

# 05 | 유일한 해결책, 사랑하는 것

미국의 한 정원사가 농림부 장관에게 편지를 보냈다.

"나는 민들레를 없애는데 좋다는 방법은 다 시험해봤고 또 농림부에서 발행한 간행물에 나오는 방법대로 다 해봤습니다. 그런데 그것들은 아직도 없어지지 않고 있습니다."

이에 대해 농림부 장관은 이렇게 답장을 보냈다.

"만약 당신이 정말로 모든 방법을 다 동원해 봤는데도 여전히 민들레가 자라고 있다면 이제 당신이 해야 할 일은 딱 한 가지밖에 남아 있지 않은 것 같군요. 그것들을 사랑하는 법을 배우십시오."

모든 수단과 방법을 다 동원해도 우리에게 괴로움을 주는 존재들을 다 없앨 수는 없다.

그 존재들로 인한 짐을 해결할 수 있는 방법은 딱 한 가지, 그것들을 사랑의 대상으로 삼는 것이다. 끝까지 사랑하지 못하고 자신의 마음 속에 증오를 조금씩 키워간다면 서서히 자신만 병들어갈 뿐이다.

내 주변의 모든 존재를, 사람이든 사물이든 사랑하기로 결심하고 열심히 사랑하라.

'주님! 도저히 사랑할 수 없다고 여기는 사람까지 사랑하게 하소서.'

내 마음에 들지 않는다는 이유로 미워했던 사람이 있는지 돌아보자.

 **예화와 관련된 말씀**

또 주께서 우리가 너희를 사랑함과 같이 너희도 피차간과 모든 사람에 대한 사랑이 더욱 많아 넘치게 하사(살전 3:12).

여호와여 돌아와 나의 영혼을 건지시며 주의 사랑으로 나를 구원하소서(시 6:4).

# 06 | 조건 없는 사랑

"조이가 말 안 들어도 엄마는 조이를 사랑해요?"

"당연하지! 엄마는 조이가 말을 잘 들어도 사랑하고 안 들어도 사랑해."

"왜요? 말 안 듣는데 왜 사랑해요?"

"너는 엄마 아들이니까. 그래서 무조건 사랑하는 거야. 말을 듣든 안 듣든, 잘못을 하든 안 하든 엄마는 조이를 너무너무 사랑해!"

나는 이렇게 말하고 아들을 꼭 안아주었다.

그러던 어느 날이었다.

조이가 퍼즐 맞추기를 하고 있는데, 동생 온유가 와서 방해를 했다.

"온유야, 형아 퍼즐 하잖아! 엄마, 온유가 자꾸 방해해요!"

"동생이 형이랑 같이 하고 싶어서 그런 거니까 조이가 하나 줘."

"온유야, 온유가 형아 퍼즐 못 하게 해도 형아는 온유 사랑해! 알았지?"

사랑은 이렇게 배우는 것 같다.

아이들은 부모에게 사랑을 배우고, 동생은 형에게서 사랑을 배운다.

아이들이 어릴 때부터 가정에서 조건 없는 사랑을 받고 자라 그렇게 다른 사람을 사랑할 수 있는 사람이 되기를 오늘도 기도하자.

### 예화와 관련된 말씀

새 계명을 너희에게 주노니 서로 사랑하라 내가 너희를 사랑한 것 같이 너희도 서로 사랑하라(요 13:34).

곧 내가 그들 안에 있고 아버지께서 내 안에 계시어 그들로 온전함을 이루어 하나가 되게 하려 함은 아버지께서 나를 보내신 것과 또 나를 사랑하심 같이 그들도 사랑하신 것을 세상으로 알게 하려 함이로소이다(요 17:23).

# 07 하나님께 사랑을 표현하라

어느 날, 나의 아들 티모시가 자동차를 그린 그림을 들고 와서 "아빠를 위해 그렸어요."라고 말했다.

그 순간 나는 매우 흐뭇했다. 그런 행동에 감격하지 않을 부모가 어디 있겠는가? 티모시는 그림을 가져가서 내 책상 앞에 놔두고 하루 종일 그것을 바라보면서 자기를 생각해 달라고 부탁했다.

티모시는 항상 나를 위해 그런 것들을 만들곤 한다. 티모시는 온갖 종류의 공룡과 자동차 그림, 레고로 만든 다양한 작품들로 나에 대한 사랑을 표현했다. 그것들 안에는 녀석의 마음이 고스란히 담겨 있었다.

몇 년 전, 몹시 바쁜 주간에 티모시가 축구를 하자고 몇 번이나 졸랐다. 나는 "오늘은 안 되겠네. 해야 할 일이 너무 많거든."하고 말했다. 며칠 뒤에 아들은 크레용으로 그린 그림을 나에게 들고 왔다.

아들 녀석과 내가 마당에서 서로 손을 잡고 서 있고, 그 사이에 축구공이 놓여 있는 그림이었다. 그림은 그전에 말로 요구했던 것보다 훨씬 더 강렬했다. 말은 단지 원하는 것을 조르는 듯한 인상을 주었지만, 그림에는 마음에 있는 간절한 바람이 묻어났다. 그 마음을 알아차린 나는 잠시 뒤에 녀석과 함께 마당으로 달려 나갔다.

다윗도 하나님 앞에 그런 식으로 자신의 마음을 표현했다. 언약궤를 예루살렘으로 옮겨 오고 싶어 했던 그는 결국 언약궤를 옮겨 왔고, 성전을 짓고자 했으며, 주옥같은 시편으로 하나님께 자신의 마음을 다양하게 표현했다. 다채로운 방법으로 하나님을 향한 당신의 사랑을 표현해 보라.

### 예화와 관련된 말씀

그러나 이 모든 일에 우리를 사랑하시는 이로 말미암아 우리가 넉넉히 이기느니라(롬 8:37)

여호와 우리 주여 주의 이름이 온 땅에 어찌 그리 아름다운지요 주의 영광이 하늘을 덮었나이다(시 8:1).

# 08 | 아름다운 사랑

흰 구름이 바닷가 소나무 밑에서 서로 등을 나무에 기대고 이야기를 하고 있는 젊은 남녀의 이야기에 귀를 기울여봤다. 남자는 가방을 하나 메고 모자를 푹 눌러 쓴 모습이었다. 자세히 보니 남자는 눈썹이 없었다. 문둥병에 걸린 환자였는데 그 흉한 모습을 가리기 위해 모자를 썼던 것이다.

"제발 날 잊어버려. 난 문둥병자야. 나 같은 환자는 소록도에 가서 살아야 하는데, 당신까지 문둥병자로 만들기는 싫어."

그러자 눈썹이 솔잎같이 아름다운 여인이 말했다.

"전 제가 했던 맹세를 지키기를 원해요. 기쁘거나 슬프거나 몸이 아프거나 병들었을 때에도 서로를 사랑하겠다는.... 전 당신의 겉모습과 결혼한 것이 아니랍니다. 당신의 자상함, 그 인간미를 사랑했어요. 어디까지든 따라 가겠어요."

"난 사실 널 사랑하지 않아. 난 사랑하는 사람이 따로 있어. 그와 같이 소록도에 가서 살기로 했단 말이야."

여인은 할 말을 잃고 머뭇거렸다. 아마도 심한 충격을 받았나 보다. 남자는 배에 올랐고 배는 곧 떠나 버렸다.

늦은 밤. 소록도로 가는 마지막 배위에 여인의 모습이 보였다. 흰 구름은 더 지켜보고 싶었지만 얄미운 바람이 흰 구름을 멀리 멀리로 날려버렸다. 봄, 여름, 가을, 겨울.... 오랜 시간이 흐른 후 흰 구름은 다시 그곳에 오게 되었다. 흰 구름은 열심히 그들을 찾아 다녔다.

그러던 중 소록도 바닷가 푸른 언덕위에 지게를 풀어놓고 쉬고 있는 두 사람을 찾을 수가 있었다.

남자는 밀짚모자에 고무신을, 여인은 머리에 수건을 두르고 있었다. 수건을 풀어 땀을 훔치는 여인의 얼굴에는 행복이 가득해 보였다. 그런데 그 아름다운 솔잎 같던 눈썹이 보이지를 않았다.

### 예화와 관련된 말씀

여자들 중에 내 사랑은 가시나무 가운데 백합화 같구나(아 2:2).

# 09 | 높고 깊고 넓은 사랑

한 영국인이 요크셔 해안에 아름다운 별장을 소유하고 있었다. 해안 한쪽에는 커다란 바위가 바다를 향해 불쑥 나와 있었다.

어느 날 이 영국인은 딸을 데리고 바위 꼭대기에 올라갔다. 그들이 꼭대기에 이르렀을 때 아버지는 딸에게 평생 잊지 못할 교훈을 주고 싶은 생각이 들었다.

"애야, 위를 올려다 보아라."

딸은 아버지의 말대로 푸른 하늘을 올려다보았다.

"이번에는 아래를 내려다 보아라."

아버지의 말대로 딸은 하늘이 비춰지는 바다를 내려다보았다.

"이번엔 저 앞을 내다보아라."

딸은 아버지의 말대로 했다.

"내 딸 도로시야, 이처럼 높고 한없이 깊고 끝없이 넓고 아름다운 것이 하나님의 사랑이다."

이 말을 들은 딸은 아버지를 향하여 똑똑히 말했다.

"아버지, 하나님의 사랑이 이처럼 높고 깊고 끝없이 광활

하다면 우리는 그 한가운데서 살고 있군요."

아버지는 딸의 이 말을 평생 잊지 못했다고 한다.

### 예화와 관련된 말씀

하나님이 우리를 사랑하시는 사랑을 우리가 알고 믿었노니 하나님은 사랑이시라 사랑 안에 거하는 자는 하나님 안에 거하고 하나님도 그의 안에 거하시느니라(요일 4:16).

높음이나 깊음이나 다른 어떤 피조물이라도 우리를 우리 주 그리스도 예수 안에 있는 하나님의 사랑에서 끊을 수 없으리라(롬 8:39).

# 10 | 사랑하니까

아프리카에서는 총각이 장가를 가려면 결혼 지참금으로 소 한 마리를 내야 한다. 그 아프리카에 한 못생긴 처녀가 있었는데 청혼하는 총각이 없었다.

소 반 마리 값만 치러도 되겠는데 아무도 그 못생긴 처녀에게는 청혼을 하지 않았다.

그러는 사이 나이는 들어 노처녀가 되었고 볼품은 더욱 없어졌다. 결혼은 포기한 상태였다.

그러던 어느 날, 최고의 신랑감이 나타났다. 추장 외아들이 청혼을 해 온 것이었다. 그것도 소 여덟 마리나 지참한 채 말이다.

노처녀와 추장의 외아들은 결혼했고 행복하게 살았다. 신부의 얼굴은 몰라보게 아름다워졌고 만인이 우러러 보게 되었다.

어느 날 밤, 신부는 신랑에게 조용히 물었다.

"왜 나를 선택했습니까?"

"왜 소를 여덟 마리나 가져왔습니까?"

신랑의 대답은 분명하고 또렷했다.

"사랑하니까."

그렇다. 사랑 때문이다.

사랑하니까 하나님은 그 외아들을 우리에게 아낌없이 보내주신 것이다. 오직 사랑 때문에!

 **예화와 관련된 말씀**

하나님의 사랑이 우리에게 이렇게 나타난 바 되었으니 하나님이 자기의 독생자를 세상에 보내심은 그로 말미암아 우리를 살리려 하심이라(요일 4:9).

사랑은 여기 있으니 우리가 하나님을 사랑한 것이 아니요 하나님이 우리를 사랑하사 우리 죄를 속하기 위하여 화목 제물로 그 아들을 보내셨음이라(요일 4:10).

# 11 | 사랑은 아름다워라

1990년 해빙기에 진과 켄 체이니 부부가 시에라 국립공원에서 운전하다가 실종되었다. 눈보라가 사정없이 휘몰아치는 가운데 이 68세의 할머니와 75세의 할아버지는 차 안에서 꼼짝 않고 구조대를 기다렸다. 두 노인은 차 안에서 일기를 기록했다.

"우리는 겨우내 보수가 잘 되지 않은 길 위에 있는 것을 알았다. 누군가 지나간다면 기적이 틀림없으련만… 우리 앞에 어떤 일이 놓여 있는지 알 수 없다… 여기에서 우리의 목숨은 전적으로 하나님의 손에 달려 있게 되었으니 이보다 더 좋은 곳이 또 어디에 있단 말인가!"

먹을 것이 없어서 껌 한 통과 식당에서 가져온 젤리를 먹었고 유리창에 끼인 서리를 긁어서 물 대신 마셨다. 부부는 함께 찬송하고 기도하고 기억할 수 있는 모든 성경구절들을 암송하면서 그 참혹한 시간들을 견뎌냈다. 구조대는 끝내 나타나지 않았다. 진 할머니의 일기에 기록된 한 토막이다.

"남편이 오늘 저녁 7시 30분에 하늘나라로 갔다… 너무나 평온하게 주님 곁에 갔기 때문에 나는 그가 숨지는지조차도

몰랐다. 남편이 남긴 마지막 말은 '주님, 감사합니다.'였다. 나도 곧 내 남편 곁으로 가게 될 것이다. 여보 사랑해요."

3월 1일에 실종되었던 체이니 부부는 5월 1일이 되어서야 시신으로 발견되었다.

노 부부는 차 안에서 서로 꼭 껴안은 채 숨져 있었다. 그들은 결코 절망 속에 외롭게 죽어간 것이 아니었다. 믿음과 소망과 사랑 속에서 아름답게 천국으로 갔던 것이다.

 **예화와 관련된 말씀**

사랑은 언제까지나 떨어지지 아니하되 예언도 폐하고 방언도 그치고 지식도 폐하리라 우리는 부분적으로 알고 부분적으로 예언하니 온전한 것이 올 때에는 부분적으로 하던 것이 폐하리라 내가 어렸을 때에는 말하는 것이 어린 아이와 같고 깨닫는 것이 어린 아이와 같고 생각하는 것이 어린 아이와 같다가 장성한 사람이 되어서는 어린 아이의 일을 버렸노라 우리가 지금은 거울로 보는 것 같이 희미하나 그 때에는 얼굴과 얼굴을 대하여 볼 것이요 지금은 내가 부분적으로 아나 그 때에는 주께서 나를 아신 것 같이 내가 온전히 알리라 그런즉 믿음, 소망, 사랑, 이 세 가지는 항상 있을 것인데 그 중의 제일은 사랑이라(고전 13:8~13).

## 12 | 사랑은 지켜주는 것입니다

깊은 숲속에 거미 한 마리가 살고 있었다. 이 거미는 오랫동안 친구가 없어서 외롭게 홀로 지냈다.

어느 날 거미가 잠에서 깨어나 거미줄을 보니 이슬 한 방울이 아름답게 맺혀 있었다. 거미가 놀라움과 반가움이 섞인 목소리로 말했다.

"넌 누구니?"

이슬이 대답했다.

"난 이슬이야."

거미가 대답했다.

"응, 난 오랫동안 친구가 없었어. 우리 친구하자."

이슬은 잠시 생각하더니 말했다.

"그래 좋아. 하지만 조건이 하나 있어. 나를 절대로 만지면 안 돼."

거미가 대답했다.

"알았어. 약속은 지킬게."

그 후 거미와 이슬은 행복한 생활을 했다. 외로우면 서로를 생각하고 즐거움은 나누면서…. 세월은 흘러 이제 거미는 이슬 없는 생활은 생각조차 할 수 없게 되어버렸다.

어느 날 거미는 이슬을 만지고 싶어졌다. 하지만 그때마다 이슬은 그것을 허락하지 않았다. 거미가 말했다.

"나, 너 만져보고 싶어."

이 말을 들은 이슬은 말했다.

"너, 나를 사랑하는구나. 너 그럼 나에게 약속을 해야 해. 많이 많이 날 사랑 하겠다고 말이야."

거미는 자신 있게 고개를 끄덕였다. 그리고 거미가 두 손으로 이슬을 껴안는 순간, 이슬은 사라져버렸다.

사랑은 소유하는 것이 아니라 지켜주는 것이다.

 **예화와 관련된 말씀**

형제를 사랑하여 서로 우애하고 존경하기를 서로 먼저 하며 (롬 12:10).

너희가 진리를 순종함으로 너희 영혼을 깨끗하게 하여 거짓이 없이 형제를 사랑하기에 이르렀으니 마음으로 뜨겁게 서로 사랑하라(벧전 1:22).

# 13 | 작은 사랑의 손길

작년 전도 집회 때 결신한 초신자로 길가에서 도넛과 어묵을 파시는 분이 올리신 글이었다.

누군가가 자기에게 왜 교회에 다니느냐고 묻는다면 하나님을 만났기 때문이라고 말하기가 아직은 쉽지 않다고 고백한 뒤 그럼에도 불구하고 자기가 교회에 나가는 이유를 다음과 같이 피력했다.

오늘 오후에 봄에 새로 시작하려는 도넛 홍보 현수막을 정비하고 있는데, 하얀색 승용차가 내가 장사하는 차 앞에 정차했다. 누가 주차를 하나보다 생각하고 일을 계속하는데 어떤 분이 '저도 분당우리교회에 다녀요'라며 요구르트 2개를 내미셨다.

얼떨결에 요구르트를 받아든 나는 미처 감사하다는 말도 못한 채 그분이 가신 방향을 바라보며 한동안 멍하니 서 있었다. 그 순간 교회에서 왜 형제, 자매란 말을 쓰는지 알 수 있을 것 같았다. 그분은 가던 길을 멈추고 교우인 내게 요구르트를 주고 싶었나 보다.

그 흔한 요구르트 하나가 내가 교회에 다닐 수밖에 없게 만든 이유 중 하나가 된 것이다.

작은 요구르트 한 병에 녹아내리는 것이 인간의 마음이다. 교회 부흥은 요구르트 한 병을 내미는, 작은 정성이 담긴 손끝에 달려 있음을 깨닫는다.

-이찬수 목사(분당우리교회)

 **예화와 관련된 말씀**

형제 사랑에 관하여는 너희에게 쓸 것이 없음은 너희들 자신이 하나님의 가르치심을 받아 서로 사랑함이라(살전 4:9).

# 14 | 그 분의 사랑

새벽 4시, 6개월 된 아들이 울기 시작했다. 젖 먹을 시간. 내가 분유를 먹여 줄 차례였다.

아기 방에 들어가 젖병을 물려주자 아기는 곧 잠잠해졌다. 무릎에 누이자 녀석이 나를 보며 방긋 웃었다. 우리의 눈이 서로 마주치자 내 마음은 따뜻한 사랑으로 벅차올랐다.

"제이콥, 아빠는 너를 무척 사랑한단다."

그때 갑자기 이런 생각이 들었다. 제이콥은 이미 자신이 사랑받고 있다는 사실을 알고 있다는 것이다. 말로 묘사하거나 설명하지는 못하지만, 제이콥은 느끼고 있었다.

사랑은 그 방 안에, 아기를 안은 품 안에, 그리고 아기를 달래는 말 속에 차고 넘쳤다. 내 얼굴에도 사랑이 쓰여 있다. 내 눈에도 있다. 하나님과 우리 사이도 이와 같다. 하나님은 말씀하신다.

"여호와는 네게 복을 주시고 너를 지키시기를 원하며 여호와는 그 얼굴로 네게 비취사 은혜 베푸시기를 원하며 여호와는 그 얼굴을 네게로 향하여 드사 평강 주시기를 원하노라"(민 6:24~26).

이 말씀은 "내가 미소 지으며 너를 바라볼 때 네가 그것을 알기 원한다."는 것이다.

하나님은 열정적인 사랑으로 우리를 사랑하신다. 우리가 이해하기에 그 사랑은 너무나 광대하다. 우리에게는 그 사랑을 충분히 묘사할 만한 단어가 없다. 그러나 우리는 알 수 있다.

그분이 우리 손을 잡으실 때 그 사랑은 그분의 손안에 있으며, 우리를 위로하실 때 그 사랑은 그분의 부드러운 말씀 속에 담겨 있다. 그 사랑은 그분의 얼굴 전체에 쓰여 있는 것이다.

- 「하나님이 내게 반하셨다」, 제임스 브라이언 스미스

 **예화와 관련된 말씀**

> 너의 하나님 여호와가 너의 가운데에 계시니 그는 구원을 베푸실 전능자이시라 그가 너로 말미암아 기쁨을 이기지 못하시며 너를 잠잠히 사랑하시며 너로 말미암아 즐거이 부르며 기뻐하시리라 하리라(습 3:17).

# 15 | 찰즈 램의 첫사랑

미국의 대표적인 수필가이며 비평가인 찰즈 램은 정신병 유전이 있는 집안에서 태어나 매사에 소극적인 소년이었다. 어릴 때부터 말을 꽤 심하게 더듬었고, 창피해서 열다섯 살이 되기도 전에 학교를 그만두었다.

그는 외할머니가 가정부로 있는 하트포드샤이어의 어느 저택에 가서 휴가를 보내는 것이 제일 큰 낙이었다.

그 마을에 사는 앤 시몬즈라는 처녀를 사랑하게 된 것이다. 몇 년을 짝사랑하던 램은 일생일대의 용기를 내어 그녀에게 사랑을 고백했다.

결과는 물론 거절이었다. 여러 가지 이유가 있었지만 가장 큰 이유는 예고 없이 찾아온 정신병 때문이었다. 거절은 당연한 일이었지만 그녀를 평생 가슴에 담아두고 살기로 했다. 그는 갑자기 발작을 일으켜 어머니를 칼로 찌르고 아버지에게 중상을 입힌 누이동생을 돌보며 삶을 살기로 결심했다.

그가 틈틈이 글을 쓰며 지내다 세상에 내놓은 것이 바로 세계 수필문학의 명작 「엘리아 수필선」, 「셰익스피어 이야기들」이다. 그의 책 속의 주인공은 언제나 마음 속에 있는 앤이었다. 「엘리아 수필선」에서도 걸작품으로 꼽히는 「꿈속의 아이들」은 바로 앤 시몬즈를 회상하며 쓴 글이다. '그녀와 결혼했다면'이라는 환상 속에서 자기의 아이들에게 이야기를 들려주는 내용으로 수필을 한 편 써서 이루어지지 못한 사랑에 대한 뼈아픈 회한을 표현하였다.

그의 첫사랑은 끝내 냉담했지만 그는 죽는 순간까지 그녀를 마음에 가득 안고 죽었다. 가슴에 꺼지지 않는 사랑은 글로 표현되어 다른 사람에게도 그 사랑을 전해주었다.

 **예화와 관련된 말씀**

아버지께서 나를 사랑하신 것 같이 나도 너희를 사랑하였으니 나의 사랑 안에 거하라 내가 아버지의 계명을 지켜 그의 사랑 안에 거하는 것 같이 너희도 내 계명을 지키면 내 사랑 안에 거하리라 내가 이것을 너희에게 이름은 내 기쁨이 너희 안에 있어 너희 기쁨을 충만하게 하려함이니라 내 계명은 곧 내가 너희를 사랑한 것 같이 너희도 서로 사랑하라 하는 이것이니라 사람이 친구를 위하여 자기 목숨을 버리면 이에서 더 큰 사랑이 없나니 내가 이것을 너희에게 명함은 너희로 서로 사랑하게 하려함이로다(요 15:9~13,17).

# 16 | 주님을 사랑합니다

어느 날 나는 한 젊은이와 노년의 신사가 나누는 대화 한 토막을 우연히 엿듣게 되었다.

"요즘 우리 젊은이들은 참 똑똑해요."

젊은이의 말은 그렇게 시작되었다.

"원하는 곳은 어디든 갈 수 있잖아요? 돈도 더 많이 벌구요! 교육도 더 많이 받았고, 따라서 기회도 훨씬 더 많아요! 아버지 시대보다 사는 환경이 훨씬 좋죠."

그 말에 노신사는 슬며시 웃었다.

"그렇지만 한 번 말해 봐라, 얘야!"

노신사는 사랑하는 젊은이에게 더할 수 없이 온화한 표정으로 이야기했다.

"요즘 사람들이 예전 사람들보다 더 서로 사랑한다고 생각하니? 요즘 젊은이들이 내가 젊었을 때보다 더 하나님을 사랑한다고 생각하니? 예전 사람들보다 요즘 사람들이 더 자신들의 신념에 충실하다고 생각하니?"

흥미 있는 질문이 아닌가? 나는 이 두 사람의 대화가 분명 시사하는 바가 많다고 생각했다. 한편, 우리네 삶은 예전보다 나아진 듯하다. 삶의 즐거움이 늘고 선택도 다양해진 것만은 분명하다. 그러나 무엇 때문에 삶이 나아졌다는 것인가? 삶의 즐거움이 늘어났다는 것만으로 삶이 가치 있어졌다고 할 수 있는가? 우리에게 진정 중요한 것은 무엇인가?

신실함은 단순한 헌신에서 나온다. 사랑에서 나온다. 논리적 결단이 아니라 마음에서 나온다.

신실함은 하나님이 그 백성에게 하신 약속이며, 또한 그 백성에게 받으시는 특권이다. 그 신실함은 세상의 선물들처럼 비교되고, 구분되고, 평가되는 선물이 아니다. 신실함은 그저 분명한 목소리로 "주님을 사랑합니다."라고 말하는 선물이다.

- 「작은 소리 큰 울림」/, 맥스 루케이도 외

## 예화와 관련된 말씀

사랑하는 자들아 우리가 서로 사랑하자 사랑은 하나님께 속한 것이니 사랑하는 자마다 하나님께로 나서 하나님을 알고 사랑하지 아니하는 자는 하나님을 알지 못하나니 이는 하나님은 사랑이심이라 하나님의 사랑이 우리에게 이렇게 나타난바 되었으니 하나님이 자기의 독생자를 세상에 보내심은 저로 말미암아 우리를 살리려 하심이니라 (요일 4:7~9).

# 17 | 사랑의 시작

내가 노동자로 생활할 때 건축 일을 하러 어떤 마을에 간 적이 있다. 그런데 그 지역에 아는 사람이 하나도 없었다. 그래서 제일 값싼 여인숙에 숙소를 마련했다. 아주 형편없는 싸구려 여인숙이었다.

주일이 되어서 근처에 있는 교회에 갔다. 좋은 옷을 입고 가서 처음에는 환영을 받았다.

"아, 낯선 젊은이신데 잘 오셨습니다! 어디에서 오셨나요?"

"이 근처 어떤 회사에서 작업 중입니다."

"그렇습니까? 지금은 어디에서 살고 있는지요?"

"○○여인숙에 묵고 있는 중입니다."

"…"

그의 친절한 표정이 갑자기 굳어지면서 나를 더는 상대하려고 하지 않았다. 그에게서 "괜찮으시다면 우리 집으로 와서 같이 지냅시다."란 말을 듣지 못한 것은 당연했고, 오히려 더 이상 우리 교회에 나오지 말았으면 하는 싸늘한 표정을 봤다.

성경은 그리스도인이 서로 도와주고 서로 봉사하고 서로 책임지지 않으면 살인하는 사람과 다름이 없다고 말한다. 하나님의 율법에 어긋날 뿐만 아니라 하나님을 사랑한다는 것도 다 거짓말이라고 한다.

모든 소유가 하나님의 것인 줄 알며 가난한 이웃의 필요에 민감해 서로 나누는 삶으로 주님이 가르치신 사랑을 실천할 수 있기 바란다.

- 「우리와 하나님」, 대천덕

 **예화와 관련된 말씀**

나의 계명을 가지고 지키는 자라야 나를 사랑하는 자니 나를 사랑하는 자는 내 아버지께 사랑을 받을 것이요 나도 그를 사랑하여 그에게 나를 나타내리라(요 14:21).

# 18 | 아버지의 사랑

루이지아나주에 있는 폰차트렌 호수에서 기선이 한척 파선된 일이 있다. 아수라장이 된 그 속에는 여섯 명의 아이들을 데리고 탄 한 아버지가 있었다.

그는 용감한 사람이었다. 결단력이 있는 사람이었다. 그는 수영을 매우 잘했다.

그 아버지는, 이제 성공하던 못하던 아이들을 하나씩 데리고 헤엄쳐서 육지에다 구해 내는 수밖에 없다고 작정을 했다. 그는 아이들에게 당부하기를 아버지가 육지에 갔다가는 반드시 돌아올 것이니 겁내지 말고 기다리고 있으라고 했다. 아이들을 하나씩 육지에다 데려다 놓는 아버지의 노력은 필사적인 것이었다. 이제는 꼭 한 아이 만이 가라앉는 배에 남아 있게 되었다.

그러나 이 성실한 아버지는 다섯 번째의 아이를 건져다놓고는 거의 쓰러질듯이 기진맥진해 있었다. 사람들은 그가 다시 바다로 뛰어드는 것을 만류했다.

그러나 그는 "우리 막내아들 지미가 아직 배에 있습니다. 나는 내 아들 지미에게 꼭 아빠가 다시 돌아오겠다고 약속을 했습니다."라고 하며 바다에 뛰어들었다. 간신히 배에까지 헤엄쳐간 그 아버지는 지미에게 바다로 뛰어 내리라고 했다. 더 이상 기운이 없는 그 아버지는 뛰어 내린 아들을 가슴에 꼭 껴안은 채로 함께 물속으로 들어가고야 말았다. 그리고는 다시 떠오르지 않았다.

하나님이 당신을 위하여 희생하신 사랑은 이보다 더욱 크신 사랑임을 결코 잊지 말아야 할 것이다.

 **예화와 관련된 말씀**

사랑은 여기 있으니 우리가 하나님을 사랑 한 것이 아니요 오직 하나님이 우리를 사랑하사 우리 죄를 위하여 화목제로 그 아들을 보내셨음이니라(요일 4:10).

# 19 | 아버지의 발바닥 사랑

너무도 유명한 탕자의 비유에는 우리가 의식하지 못하고 넘어가는 곳이 있었다.

그 부분이 바로 비유의 백미라 할 수 있다. 비유에 등장하는 탕자의 아버지는 아들이 타국에서 돌아오는 것을 기다리고 섰다가, 아들이 돌아오는 모습이 눈에 띄자 먼 거리를 달려가 안아 주었다.(눅 15:20)

그런데 팔레스타인 지역에서는 어른이 '달려간다' 라는 표현을 들을 수 없다. 왜냐하면 남자 성인 유대인이 발목이나 발바닥을 드러내 보이는 것은 상상할 수도 없는 일이었기 때문이다.

발바닥을 드러내 보이는 행동은 주변 사람들을 모욕하는 것이나 다름 아니었다.

지금도 정통유대인들은 상대방이 다리를 꼬고 앉으면 자신들을 모욕한 것으로 간주하고 그 자리를 뜬다.

따라서 예수님이 탕자의 아버지가 자신의 아들을 알아보고서 먼 거리를 달려가 그를 맞이했다고 비유로 하신 말씀은, 아들을 위해서라면 자신의 체면을 포기하는 것은 물론 남의 손가락질까지도 감수하겠다는 사랑 많은 아버지의 모습을 묘사하고 있는 것이다. 바로 그 탕자의 아버지가 우리 하나님 아버지인 것이다.

 **예화와 관련된 말씀**

우리가 아직 죄인 되었을 때에 그리스도께서 우리를 위하여 죽으심으로 하나님께서 우리에게 대한 자기의 사랑을 확증하셨느니라(롬 5:8).

# 20 | 아빠가 준 선물

얼마 전에 미국에서 있었던 이야기이다. 라이언 화이트(Ryan White)라고 하는 소년에 관한 이야기이다.

라이언 화이트는 열세 살 때에 혈우병을 앓아서 수술을 받게 되는데 그것이 문제였다. 수술에서 수혈이 잘못되어 이 소년이 후천성 면역 결핍증이라고 하는 에이즈에 걸렸다. 그는 속수무책으로 이 병원에서 잘못한 이 사건으로 인해 그대로 죽음을 기다려야 했다. 그러나 이 아이는 자신이 죽는다는 것을 알고 있으면서 아무도 원망하지 않았다. 부모도, 형제도, 특별히 의사 선생님들을 원망하지 않았다.

항상 밝은 웃음을 보였고 모두에게 친절하게 했다. 오히려 염려하는 부모를 위로하며 날마다 기쁘게 행복하게 지냈다. 이러한 사실이 방송매체를 통하여 전 미국에 전해지게 될 때 많은 사람의 마음을 감동시켰고 많은 사람들이 이 어린이를 위해서 기도하게 되었다.

유명 인사들이 앞을 다투어서 이 어린아이를 찾아 방문했다. 당시에 대통령이었던 레이건도 친히 이 어린 소년을 찾아 방문했고, 또 당시의 유명한 팝 가수인 마이클 잭슨까지도 이 어린 소년을 방문해서 위로했다.

결국 5년을 더 살다가 18세에 이 소년은 죽었다. 그가 마지막으로 아버지와 나눈 대화가 기독교 잡지에 실려서 더욱 더 많은 사람의 마음을 감동시켰다. 아버지는 죽어 가는 아들에게 말했다.

"아들아, 미안하다. 나는 아무 것도 너에게 해줄 것이 없구나. 이 아빠가 더 이상 어떤 선물도 줄 수 없음을 용서 해 다오."

"아닙니다. 전 지금 많은 선물을 받았습니다. 많은 선물을 받고 살았지만 아무도 아빠가 제게 준 선물 같은 선물을 준 사람은 없습니다. 아빠는 내게 천국 열쇠를 주었습니다. 예수님을 소개해 주었고, 교회에 나아가 예수를 믿게 해 주었고 말씀을 통하여 영생을 얻도록 해주었습니다. 이보다 위대한 선물은 다시 없으니까 말입니다."

 **예화와 관련된 말씀**

믿음으로 말미암아 그리스도께서 너희 마음에 계시게 하옵시고 너희가 사랑 가운데서 뿌리가 박히고 터가 굳어져서 (엡 3:17).

# 21 | 아버지의 마중

 퇴근하려는데 갑자기 검은 구름이 온 하늘을 뒤덮더니 금세 비가 후두둑 쏟아져 내렸다. 금방 그칠 비가 아닌 것 같아 집으로 가는 발걸음을 재촉했다.

 그런데 얼마쯤 가다 보니 저쪽에서 누군가가 나에게 손짓하는 모습이 보였다. 고목처럼 여윈 팔을 이리저리 흔들며 웃고 계신 분은 다름 아닌 아버지였다. 아버지는 말없이 나에게 우산을 하나 건네주고는 당신 먼저 앞으로 뚜벅뚜벅 걸어가셨다.

 얼떨결에 우산을 받아 든 나는 "고맙습니다."라고 말했지만 그 다음엔 할 말이 없어 잠자코 뒤따라갔다. 그 뒤 비가 올 때마다 아버지는 어김없이 그 자리에서 나를 기다렸다가 우산을 건네 주셨다. 그러자 나는 아버지의 마중을 감사하게 생각하기보다는 아주 당연하게 받아들이게 되었다.

 그러던 어느 비오는 날, 그날도 나는 아버지가 우산을 들고 마중을 나와 계실 거라 생각했는데 왠일인지 아버지가 보이지 않았다. 나는 마중 나오지 않은 아버지를 원망하며 그대로 비를 맞으며 집으로 갔다. 비에 흠뻑 젖은 채 집에 들어선 나는 잔뜩 부어오른 얼굴로 아버지를 찾았다. 그런데 잠시 뒤 나는 가슴이 뜨끔해졌다. 아버지가 갈고리 같은 손에 우산을 꼭 쥐신 채로 누워 계셨던 것이다.

"그렇게도 말렸는데도 너 비 맞으면 안 된다고 우산 들고 나가다가 그만 몇 발자국 못 가 쓰러지셨단다."

어머니의 말씀에 나는 끝내 울음을 터트리고 말았다. 밭고랑처럼 깊게 패인 주름살에 허연 머리카락을 하고 맥없이 누워 계신 아버지의 초라한 모습을 보며 나는 내 자신이 너무 미워졌다. 마중 나온 아버지께 힘드실 텐데 그럴 필요없으시다고 말하기는커녕 아주 당연하게 여겼던 것이 못내 부끄러웠다.

### 예화와 관련된 말씀

> 너는 네 하나님 여호와께서 명령한 대로 네 부모를 공경하라 그리하면 네 하나님 여호와가 네게 준 땅에서 네 생명이 길고 복을 누리리라(신 5:16).

## 22 | 지혜로운 아버지

미국 전역에서 볼 수 있는 페니 백화점의 창업주인 크리스천 대사업가 지미 페니에 관한 일화이다. 소년 시절에 지미 페니는 식품점에서 일을 했다. 그런데 하루는 집에 돌아와서 가족들에게 자기가 일하는 식품점 주인이 싸구려 커피를 비싼 값에 판다고 재미있게 이야기했다. 그런데 그의 아버지는 조금도 웃지 않고 페니에게 말을 했다.

"지미야, 만약 어떤 사람이 너희 식료품 주인에게 도매로 물건을 넘길 때, 질이 낮은 싸구려 물건을 좋은 것이라고 속여 비싸게 팔면 너희 주인은 그 사람을 좋은 사람이라고 하겠니?"

"아뇨. 그렇지 않을 것 같아요."

"지미야, 내일 아침에 일하러 가서 주인에게 그동안 일한 임금을 계산해 달라고 하고 그만 두거라!"

그 당시에는 일자리를 얻기가 너무 어려워서 지미 같은 소년이 다시 일자리를 찾는다는 것은 결코 쉬운 일이 아니었다. 그러나 지미는 이튿날 아버지의 말씀대로 직장을 그만두었다. 만약 지미 페니의 아버지가 작은 이익에다 양심과 인간성을 파는 것이 평범한 일이라고 웃어넘기는 사람이었다면 지미 페니의 세계적인 성공은 있을 수 없었고 크리스천 대사업가로서의 그 아름다운 이름을 오늘날 우리가 들을 수 없게 되었을 것이다.

사랑은 이렇게 잘못을 잘못이라 알려주고 올바른 길로 인도해 주는 용기도 필요한 것이다.

### 예화와 관련된 말씀

나의 계명을 가지고 지키는 자라야 나를 사랑하는 자니 나를 사랑하는 자는 내 아버지께 사랑을 받을 것이요 나도 그를 사랑하여 그에게 나를 나타내리라(요 14:21).

# 23 | 아버지의 마음

 어느 초등학교 선생님이 상처를 하고 열두 살 난 딸을 키우느라 어머니 몫까지 딸에게 다 해주었다. 딸을 정성껏 구김살 없이 키워보려고 애를 썼지만 학교일에 바빠서 시간을 내기가 어려웠다.

 그러다가 방학이 되어 크리스마스 전 사흘 동안 시간을 내어 이제는 딸하고 더불어 놀기도 하고 이야기도 하리라 생각을 하고 딸을 찾았는데 딸은 제 방에 들어가서 문을 잠가 버리고 사흘 동안 나오지를 않았다. 밥만 먹고 또 들어가 영 자리를 같이 할 수가 없었다.

 아버지는 섭섭했다. 그래, 무슨 곡절이 있겠지. 그동안 내가 너무 등한히 해서 마음이 상했나보다고 생각했다. 크리스마스 날이 되었다. 딸은 기쁜 얼굴이 되어 눈을 빛내면서 "아버지, 크리스마스 축하해요." 하고 인사하더니 제가 뜬 장갑 하나를 내놓는 것이었다.

 크리스마스 날 아버지에게 장갑을 선물하기 위해서 사흘 동안 뜬 장갑이었다. 고맙게 받기는 했으나 아버지는 내심 섭섭했다.

'내가 바라는 것은 장갑이 아닌데, 나는 너와 이야기하고 싶었는데…'

참으로 부모가 바라는 것이 무엇이겠는가? 만나서 이야기하고 싶어 하는 그 심중을 잘 헤아려 잘 들어드리는 것이 중요하다.

 **예화와 관련된 말씀**

하나님이 우리를 사랑하시는 사랑을 우리가 알고 믿었노니 하나님은 사랑이시라 사랑 안에 거하는 자는 하나님 안에 거하고 하나님도 그 안에 거하시느니라 우리가 사랑함은 그가 먼저 우리를 사랑하셨음이라(요일 4:16,19).

# 24 | 싸리나무와 사랑

 옛날 왕자를 무척 따르던 로스페테라는 예쁜 처녀가 있었는데 그 당시에는 평민은 왕자를 사랑하지 못하므로 그녀는 몰래 가슴만 태우면서 왕자를 기다리며 지냈다. 한 번은 이웃나라와 큰 싸움이 벌어졌는데 가장 믿던 장군의 배반으로 왕자는 홀로 도망쳐 왕의 사냥터에 숨었다.

 이때 로스페테는 언제나와 마찬가지로 이 산에 가서 왕자에게 바치고 싶었던 금반지며 금팔지를 묻은 싸리나무 밑에서 신께 기도를 드리려다가 의복이 찢긴 채로 한 청년이 지쳐 누워 있는 것을 발견했다.

 동정심이 많은 로스페테는 그 청년을 조용히 깨워 포도주와 빵을 먹이고 상처를 씻어 주다 그때 왕자의 무늬가 박힌 보석반지를 낀 손을 보았다. 로스페테는 그제야 그가 행방불명의 왕자인줄을 알았으나 모르는 체하고는 찢어진 옷을 꿰매고 싸리나무 밑을 팠다.

 그러나 숨겨 두었던 보물은 모두 노란 황금물로 녹아 있었다. 할 수 없이 로스페테는 거기서 돋아난 싸리가지를 꺾어 드리며, "왕자님 여기 지휘봉이 있으니 정신 차리고 나가 싸

우세요."라고 말했다.

  이에 왕자는 용기를 얻어 싸리가지 지휘봉으로 처녀가 가지고 온 말을 타고 나가 싸웠다. 말을 타고 나간 왕은 크게 승리했고 물론 로스페테는 왕후가 되었다.

  아직도 싸리나무 속이 노란 것은 황금물로 자란 까닭이며 좋은 향내는 지성의 처녀 로스페테의 몸의 향수 냄새라고 한다.

### 예화와 관련된 말씀

그런즉 믿음, 소망, 사랑, 이 세 가지는 항상 있을 것인데 그중에 제일은 사랑이라(고전 13:13).

# 25 | 빵 한 덩어리

불란서 혁명 때에 어떤 어머니가 세 아들과 함께 집에서 쫓겨나 며칠 동안을 산 속과 들판을 헤매었다. 부인과 아들들은 나무뿌리와 풀잎을 먹고 연명했다.

사흘째 되던 날, 군인들이 다가오는 것을 보고 덩굴 속에 숨었다. 군인상사는 덩굴 속에 인기척이 있는 것 같으니 찾아보라고 병사에게 명령했다.

한참 후에 어머니와 아이들이 끌려나왔다. 군인상사가 그들을 본 순간 그들이 굶어 죽기 직전에 있는 것을 알게 되었다. 그래서 군인 상사는 너무 측은해서 빵 한 덩어리를 어머니에게 주었다.

어머니는 굶주린 이리처럼 그 빵을 얼른 받아 세 조각으로 나누더니 아이들에게만 나누어 주었다. 이것을 본 군인 상사가 말했다.

"애들에게만 주고 자기는 안 먹는구나!"

그 옆에 있던 사병이 "아마 배가 안 고픈가 보죠."라고 말하자, 다시 상사가 하는 말이 "아니다. 어머니라서 그렇지."라고 말했다.

자식을 사랑하기 때문에 자기는 먹지 않고 배고픈 자기 아이들에게 아낌없이 다 준 것이다. 사랑은 자기의 유익을 구치 아니하고 사랑은 항상 아낌없이 주려하고 또 사랑은 항상 기쁨과 슬픔을 함께 나눈다.

 **예화와 관련된 말씀**

사랑 안에 두려움이 없고 온전한 사랑이 두려움을 내어 쫓나니 두려움에는 형벌이 있음이라 두려워하는 자는 사랑 안에서 온전히 이루지 못하였느니라(요일 4:18).

# 04
# 서로 사랑하면

너희가 서로 사랑하면 이로써 모든 사람이 너희가 내 제자인 줄 알리라(요 13:35).

# 01 | 삶으로 사랑을 실천하는 사람

　나는 프랑크를 생각한다. 그는 열정적으로 일하는 협동 변호사이며 '변론해 줄 사람이 없는 죄수'를 위해 헌신적으로 나서는 유능한 사람이다.

　몇 년 전, 그는 도움을 필요로 하는 사람에게 좀 더 의미 있게 헌신하라는 하나님의 부르심을 받고 ALS(루게릭병)로 고생하던 스티브라는 젊은이가 마비 증세로 마지막 숨을 거둘 때까지 보살피고 도와주었다.

　프랑크는 스티브의 죽음 이후에 암으로 투병 중이던 하워드를 맡았다. 그는 하워드의 손이 싸늘해져 축 늘어질 때까지 그의 손을 잡아 주었다. 하워드가 주님의 영원한 안식처로 들어가자 프랑크는 치매 진단을 받은 오십대 후반의 유명한 의사 빌에게로 그의 열정을 돌렸다.

　프랑크는 "이 일은 힘들고 꽤 오랜 시간이 걸리겠지만, 저는 그를 돌볼 것입니다."라고 말했다. 그리고 그는 상상하기 힘들 만큼 끔찍한 고통의 시간들을 빌과 그의 가족과 함께 보냈다. 심지어 프랑크는 수련 중에 있는 신부들을 보기 위해 빌과 함께 비행기를 타고 그들이 있는 곳까지 날아갔다.

그는 돌아와 이렇게 말했다.

"목사님, 우리는 재미있는 경험을 했어요. 아주 좋았어요. 제 아들도 함께 데리고 갔는데 왜냐하면 아들에게 예수님의 제자들이 해야 할 일이 바로 이런 것이고 우리는 서로 사랑해야 한다는 것을 보여 주고 싶었기 때문입니다."

빌이 죽으면 프랑크는 자신의 삶을 내어 줄 또 다른 누군가를 찾아갈 것이다. 그리고 온 힘을 다해 돕고 사랑할 것이다. 이것이 바로 우리가 서로를 위해 해야 할 일이다.

- 「내가 만든 하나님」, 도널드 맥컬로우

 **예화와 관련된 말씀**

내가 사람의 줄 곧 사랑의 줄로 저희를 이끌었고 저희에게 대하여 그 목에서 멍에를 벗기는 자 같이 되었으며 저희 앞에 먹을 것을 두었었노라(호 11:4).

## 02 | 사랑에 눈뜨다

　사람들 때문에 지칠 때가 있다. 최선을 다해도 힘이 닿지 않는 경우가 있다. 집을 나가겠다는 아내를 붙잡을 수가 없다. 툭 하면 주먹을 휘둘러 대는 남편과 더 이상 같이 살 수가 없다. 해답은 하나다. 대가를 바라지 않고 원한을 품지도 않으며 가던 길을 계속 가는 것이 최선의 사랑이다. 당신을 힘들게 하는 문제들을 과소평가하려는 의도는 추호도 없다.

　얼마나 피곤할지 충분히 이해한다. 화도 많이 나고 실망도 이만저만이 아닐 것이다.

　하지만 과거에 한 약속들을 가만히 떠올려 보라. 그것을 지키려고 최선을 다했는지 자신을 돌아보라. 그리고 한 번만, 한 번만 더 노력해 보라. 그래야 비로소 하나님의 사랑의 깊이를 알 수 있다.

　사랑스럽지도 않은 상대를 사랑해 보면 하나님이 자신에게 베풀어 주신 은혜를 실감할 수 있다.

　집 나간 자식을 위해 대문을 잠그지 않을 때, 부당한 대접을 받으면서도 바른 길을 갈 때, 약하고 병든 사람들을 사랑할 때, 비로소 잠시도 한눈을 팔지 않고 보살펴 주시는 하나님의 마음을 깨달을 수 있다.

그래서 하나님은 우리를 갖가지 도전에 부닥치게 하시는지도 모른다. 거짓말쟁이, 난봉꾼, 마음에 상처를 주는 사람을 사랑할 때 주님이 얼마나 우리를 사랑하셨는지 깊이 느낄 수 있으리라. 어떤 일 때문에 괴로운가? 그 속을 자세히 들여다보고 창조주의 사랑을 실감할 수 있는 기회를 주시는 것이 아닌지 살펴보라. 그 요구를 기꺼이 받아들이라.

## 예화와 관련된 말씀

아버지께서 나를 사랑하신 것 같이 나도 너희를 사랑하였으니 나의 사랑 안에 거하라 내가 아버지의 계명을 지켜 그의 사랑 안에 거하는 것 같이 너희도 내 계명을 지키면 내 사랑 안에 거하리라 내가 이것을 너희에게 이름은 내 기쁨이 너희 안에 있어 너희 기쁨을 충만하게 하려 함이니라 내 계명은 곧 내가 너희를 사랑한 것 같이 너희도 서로 사랑하라 하는 이것이니라 사람이 친구를 위하여 자기 목숨을 버리면 이에서 더 큰 사랑이 없나니 내가 이것을 너희에게 명함은 너희로 서로 사랑하게 하려함이로다(요 15:9~13,17).

# 03 | 새끼고양이의 첫 사냥

늙은 들고양이가 이제 갓 철이 든 새끼 들고양이를 불렀다.

"애야, 넌 이제 다 컸으니 독립해서 살 길을 찾아야 한다. 밖에 나가 네 힘으로 먹이를 구하도록 해라."

새끼 들고양이는 기쁘다는 표시로 꼬리를 살살 흔들었다. 밖으로 나온 그는 수풀 속에서 벌레를 잡고 있는 도마뱀을 발견했다. 그는 살금살금 도마뱀 뒤에 다가섰다. 그때까지도 도마뱀은 고양이를 의식하지 못하고 벌레 잡기에 여념이 없었다. 고양이는 단숨에 도마뱀을 덮쳤다.

그 순간 도마뱀은 재빨리 몸을 피했고 고양이가 덮쳐누른 것은 도마뱀의 꼬리 부분이었다.

도마뱀은 꼬리만 떼어놓고 쏜살같이 도망쳤다. 끊어진 꼬리가 팔딱팔딱 뛸 뿐 도마뱀은 어디로 갔는지 그림자도 보이지 않았지만 새끼 들고양이 첫 사냥에서 뭔가 성과를 올렸다는 것이 스스로 대견스러웠다. 새끼 들고양이는 도마뱀의 꼬리를 물고 자랑스럽게 집으로 돌아왔다.

새끼 들고양이가 조그만 도마뱀 꼬리를 물고 온 걸 본 어미 들고양이는 속이 상했지만 한편으로는 우습기도 했다.

"장하다. 그런데 어쩜 도마뱀은 놓치고 꼬리만 잡아 왔니? 그런 일을 두고 참깨알 줍고 수박 놓쳤다고 하는 거야. 다시는 작은 일에 눈이 멀어서는 안 된다."

어미 들고양이는 새끼 들고양이의 미숙한 첫 사냥이지만 마냥 자랑스럽고 사랑스러웠던 것이다.

 **예화와 관련된 말씀**

이는 모든 씨보다 작은 것이로되 자란 후에는 풀보다 커서 나무가 되매 공중의 새들이 와서 그 가지에 깃들이느니라(마 13:32).

## 04 | 하나님의 짝사랑

구약성경 중 호세아서에는 이런 안타까운 러브스토리가 있다. 사랑하는 아내 고멜은 남편을 배신하고 창녀의 소굴로 도망쳐 버리고 남편 호세아는 보리를 싸들고 찾아가서 팔려간 고멜을 돈을 주고 사오는 것이다.

그녀의 배은망덕한 사랑은 바로 이스라엘 백성의 하나님에 대한 태도였다. 계속되는 배신은 하나님을 짝사랑의 애닯은 연인으로 전락시킨 것이다.

그 이후 하나님은 짝사랑의 아픔을 앓고 계셨다.

그런데 당신도 하나님을 짝사랑하게 만들고 있지는 않은가?

어느 날인가 복잡한 통근시간에 시내버스를 타고 있었다. 저만치 한 여학생이 무거워 보이는 책가방을 들고 있었다. 앉아 있던 나는 꼭 그 여학생을 도와주고 싶었다.

그런데 손을 뻗쳐 가방을 받기에는 애매한 거리였다. 그저 그 학생이 한번만 돌이켜본다면 나는 그를 부를텐데 조금만 더 다가선다면 그 가방을 받아줄 텐데…

그녀는 끝내 더 먼 위치로 움직이고 있었다. 당신이 눈뜨는 아침부터 저녁 잠자리에 들 때까지 돌보시는 그의 사랑을 아는가?

당신의 먼 장래까지 보장하시는 그의 관심을 아는가?

그런데 당신은 어쩌면 주님께 시선 한 번 안 돌리는 사람인지도 모르겠다.

일주일 내내 성경 한 장 안 보고, 하루 중 기도 한 번 안하고, 그나마 주일 예배엔 늦게 나오고, 오후 집회엔 관심도 없고...

이중 하나라도 해당된다면.... 슬프다!

당신은 그 분을 짝사랑하게 만들고 있는 것임을 기억해라.

그의 도움의 손길이 끝내 근처에 머물고 있음을 알라.

 **예화와 관련된 말씀**

내가 산을 향하여 눈을 들리라 나의 도움이 어디서 올까 나의 도움은 천지를 지으신 여호와에게서로다(시 121:1,2).

# 05 | 황제 펭귄의 모성애

 화면 가득 남극에 사는 황제펭귄 무리의 모습이 나타났다. 황제 펭귄들은 1년에 하나의 알을 낳아 키운다.

 암컷이 알을 낳으면 수컷이 알을 넘겨받는데 이때 알이 남극의 얼음에 닿으면 금새 얼어붙기 때문에 수컷은 알을 발 위로 조심스럽게 받아 자신의 배 가죽으로 덮어 부화시킨다. 새끼가 나온 후에도 아빠 펭귄들은 새끼를 자신의 발 위에서 한시도 내려놓지 않고 품어 키운다. 엄마 펭귄이 먹이를 가지고 돌아오기를 기다리며 아빠 펭귄은 자신의 뱃속에 저장해둔 먹이를 조금씩 뱉어내어 새끼에게 먹이는 것으로 새끼의 목숨을 이어간다.

 최후의 먹이까지 먹이고 더 이상 먹일 것이 없으면 결국엔 아빠와 새끼는 모두 굶어죽고 만다. 엄마 펭귄을 호시탐탐 노리는 천적이 있는데 바로 바다표범이다. 바다표범은 먹이를 잔뜩 사냥한 펭귄이 빙하 위로 뛰어 오르려는 지점에서 잠복하고 있다가 펭귄을 덮친다.

 TV화면에 클로즈업된 바다표범이 펭귄의 날개와 배를 물었다. 오랜 사투 끝에 그 펭귄의 날갯죽지가 찢겨 나가면서 겨우 바다표범의 입에서 벗어났다. 물고기 사냥을 마친 다른 펭귄들이 떠나가고 어미 펭귄만 홀로 남았다.

절뚝거리는 걸음으로 걷다가 힘에 겨워진 어미 펭귄은 얼음 위에 배를 깔고 미끄러지며 계속 앞으로 나아갔다. 펭귄이 지나간 흰 얼음 위에 다리와 날개에서 흐른 선혈이 스몄다. 그 어미 펭귄이 기필코 찾아간 곳은 자신의 새끼가 기다리는 곳이다. 황제펭귄의 무리 가운데는 수많은 새끼들이 있다. 상처 입은 어미 펭귄이 구슬피 울며 자신의 새끼를 부르자 잠시 후 새끼 한 마리가 그 어미 앞으로 다가왔다.

어미는 즉시 입을 벌려 새끼에게 먹이를 먹이기 시작했다. 문득 나는 이 상처받은 어미 펭귄의 모습에서 하나님의 이미지를 보았다. 예수님의 십자가 사랑이 어미 펭귄의 상처와 오버랩 되었다. 하나님은 어미 펭귄의 사랑이 어떤 것인지 알고 계셨다. 그 펭귄을 만드신 분이시기 때문이다.

– 이용규 선교사 「더 내려놓음」

### 예화와 관련된 말씀

> 사람의 모양으로 나타나사 자기를 낮추시고 죽기까지 순종하셨으니 곧 십자가의 죽음이라(빌 2:8).

# 06 | 고학생과 자선의 손길

이 이야기는 마틴 루터의 명저 「탁상어록」에 등장하는 '고학생과 자선의 손길'에 관한 이야기이다.

며칠동안 굶은 고학생이 길에서 행인들을 상대로 구걸을 하고 있었다.

그때 그 학생을 본 체격이 건장한 남자가 큼직한 물건을 들고 나타났다. 고학생은 남자가 자신을 쫓아내기 위해 몽둥이를 들고 나온 줄 알고 겁에 질렸다.

남자가 다가가자 학생은 힐끔힐끔 눈치를 보면 도망쳤다. 남자는 자신이 가져온 물건을 흔들며 학생에게 소리쳤다.

"멈춰요. 이것은 너를 위해 마련한 빵이란다."

학생은 더 멀리 도망쳤다.

그 남자는 불쌍한 학생을 위해 커다란 빵을 들고 나왔던 것이다. 그러나 그것을 몰랐던 학생은 남자의 인자한 표정과 손에 들린 빵을 보지 못한 채 계속 도망치고 있었다.

하나님과 인간의 관계도 이와 마찬가지이다.

하나님은 인간에게 풍성한 은혜를 베푸시며 손짓을 하고 계신다.

그러나 인간은 그 사랑을 깨닫지 못하고 자꾸만 멀리 도망을 간다.

하나님의 사랑은 끝이 없다. 다만 인간의 소견과 이해가 부족해 그것을 깨닫지 못할 뿐이다.

### 예화와 관련된 말씀

배신하며 조급하며 자만하며 쾌락을 사랑하기를 하나님 사랑하는 것보다 더하며(딤후 3:4).

누가 이 세상의 재물을 가지고 형제의 궁핍함을 보고도 도와줄 마음을 닫으면 하나님의 사랑이 어찌 그 속에 거하겠느냐(요일 3:17).

# 07 | 세상에서 가장 아름다운 모습

KBS방송 프로그램 가운데 '행복한 세상'에서 나왔던 이야기이다.

남편은 세상을 떠나 딸 하나를 데리고 어렵게 사는 어머니가 분식점을 하면서 이 딸을 잘 키우기 위해 애쓰는데 고등학교에 다니는 이 딸이 미술에 소질이 있는 것 같아 미술학원에 보냈다.

어느 날 분식점에서 일을 하는데 갑작스런 장대비가 마구 쏟아졌다. 어머니는 깜짝 놀라 딸이 돌아올 때가 된 것을 알고 우산 두 개를 가지고 미술학원으로 달려갔다. 아무 생각 없이 학원 문 앞에 서서 보니 아차 일하던 모습 그대로 온 것이다. 앞치마를 두른 옷은 말이 아니고 밀가루가 덕지덕지 붙어 있었다. 이런 모양을 하고 딸 아이의 학원에 왔다. 이를 어쩌나 아이들이 보면 감수성이 예민한 우리 딸이 부끄럽다고 생각할 텐데.

그러나 이제는 어쩔 수 없었다. 우산 두 개를 들고 처마 밑에 서 엄마가 왔다며 손을 흔들었는데 그 모습을 보고도 딸이 나오지 않았다. 엄마 꼴이 말이 아니어서 창피하다고 나오지 않는 모양이다 생각을 하고 그냥 집으로 돌아 왔다.

너무나 속이 상해 한 달 동안 말을 안했는데 한 달 후에 딸이 그림을 잘 그렸다고 미술 발표회에서 상을 받는다고 해서 미술학원에 갔다. 딸이 특상을 받았는데 수상작품의 제목이 '세상에서 가장 아름다운 모습'이었다. 어머니의 모습을 그린 그림이다.

우산 둘을 들고 서 있는 어머니, 앞치마를 두르고 밀가루가 덕지덕지 묻어있는 어머니, 빗속에서 딸이 나오기를 바라보고 있는 그 날의 그 어머니 모습을, 그리고 세상에서 가장 아름다운 모습이라는 제목을 붙였다. 어머니는 너무도 고마워서 딸을 얼싸 안고 행복에 겨워했다.

 **예화와 관련된 말씀**

부모를 즐겁게 하며 너를 낳은 어미를 기쁘게 하라(잠 23:25).

# 08 | 인정하는 말로 보내는 응답

 마르틴 루터의 주된 사랑의 언어는 인정하는 말이었던 것 같다. 그의 생애에 관한 기록에서 아름다운 아내 캐서린에 대한 루터의 마음을 엿볼 수 있다.

 1532년 2월 27일에 그가 쓴 편지는 이렇게 시작한다.

 "내 소중한 아내 캐서린 루터에게! 사랑하는 캐티, 당신에게 그리스도 안에서 하나님의 사랑을 담아 이렇게 안부를 전합니다. 내일이나 모레쯤 집으로 돌아갈 수 있게 되기를 바라고 있소. 안전하게 집으로 돌아갈 수 있도록 기도해 주시오."

 또 여섯 살 된 아들 한스에게는 이렇게 썼다.

 "내 사랑하는 아들에게 주님의 은혜와 평강이 함께하시기를, 공부를 아주 잘하고 있으며 성실하게 기도한다는 소식을 듣고 무척 기뻤단다. 내 아들아, 쉬지 말고 계속 그렇게 해 주기 바란다."

 루터는 영적인 면에서도 하나님을 향한 헌신을 표현하기 위해 말이라는 도구를 사용했다. 독일 비텐베르크 성당 문에 붙인 95개 조의 논제는 훗날 종교개혁의 불길을 당기게

된 신념을 열거한 것이었다. 그가 쓴 수많은 찬송가 가사와 성경 주석서에서 볼 수 있는 것처럼 그는 확신에 찬 분명하고 힘찬 어휘들을 사용했으며 교리 문답서를 개발했고 라틴어 성경을 독일어로 번역해 수천 번에 달하는 설교를 했다.

말은 하나님을 향한 자신의 헌신을 표현하는 주된 방식이었다. 다른 수도사들이 묵상을 하는 동안 루터는 진리를 말하고 글을 썼다.

 **예화와 관련된 말씀**

내가 사람의 방언과 천사의 말을 할지라도 사랑이 없으면 소리 나는 구리와 울리는 꽹과리가 되고(고전 13:1).

# 09 | 돼지를 구해준 사연

  링컨 대통령은 마차를 타고 백악관으로 가다가 진흙탕 속에 빠져서 버둥거리고 있는 돼지 한 마리를 보았다.

  "돼지로군." 하고 링컨은 무심히 지나쳤다. 그러나 백악관에 이르자 링컨은 마음에서 일어나는 양심의 고뇌를 이기지 못하였다.

  '돼지는 하나님의 지으신 동물이다. 살려고 발버둥치는 돼지 한 마리도 구해줄 생각조차 안 하는 내가 대통령으로서 수천만 국민을 위한다는 것은 모순이다. 이런 마음가짐을 가진 내가 어찌 국가를 위해 목숨을 바칠 수 있으랴.'

  이렇게 생각한 링컨은 예복을 입은 그대로 진흙탕 속에 있는 돼지를 구하려 달려갔다.

  허겁지겁 뛰어 내려가 돼지를 끌어올리려 애쓰는 동안 얼굴에 흙탕물이 튀고 예복도 더럽혀졌으나 개의치 않고 간신히 돼지를 구할 수 있었다. 이렇게 해서 돼지 한 마리에 얽힌 에피소드는 끝나는 것이 아니다. 그것이 링컨의 양심이 진실한 기독교적 인간성인지 모른다.

  그는 그 일이 있었던 날 밤, 뜨거운 눈물을 흘리며 통회하였다.

"하나님이여, 저는 죄인입니다. 오늘 제가 돼지를 구해준 것은 생명 자체를 위해서가 아니라 단지 제 마음에서 일어나는 고통을 제하기 위하여 구해준 것이니 어찌 이것이 순수한 사랑의 행위라고 말할 수 있겠습니까? 이것은 분명히 내 마음 속에서 일어나는 갈등과 자책을 감하기 위한 수단이었을 뿐이요, 결국은 나를 위하여 행한 행동이 아니겠습니까?"

 **예화와 관련된 말씀**

너희가 진리를 순종함으로 너희 영혼을 깨끗하게 하여 거짓이 없이 형제를 사랑하기에 이르렀으니 마음으로 뜨겁게 서로 사랑하라(벧전 1:22).

# 10 | 레오나르도 다빈치의 화목

 유명한 화가가 되기를 원하는 몇 명의 소년들이 레오나르도 다빈치를 방문 했다. 그는 아주 조용한 가운데 예수님의 얼굴을 그리는 작업에 열중하고 있었는데 한 소년이 화판 더미에 걸려 넘어지는 바람에 예민한 그의 작업이 방해를 받아 기분이 상했다.

 그는 붓을 집어던지고는 어쩔 줄 몰라 하는 소년에게 화를 내며 심하게 꾸짖었다. 소년은 울면서 화실 밖으로 뛰어나갔다.

 레오나르드 다빈치는 다시 붓을 들고 예수님의 얼굴을 완성시켜 보려고 애썼지만 그림을 그릴 수 없었다. 그의 창조성과 영감은 화를 낸 후 전혀 떠오르지 않았다.

 레오나르드 다빈치는 울고 있는 소년에게 다가가 이렇게 말했다.

 "얘야 미안하구나! 내 말이 너무 지나쳤다. 나를 용서해다오. 나는 너보다 더 잘못했구나! 너는 그저 화판에 걸려 넘어진 것뿐인데 나는 공연히 화를 내어 나의 생명 안에 흘러드는 하나님의 영감을 막았구나! 나와 함께 다시 화실로 들어

가지 않겠니?"

그런 후 그는 자연스럽게 예수님의 얼굴을 그릴 수 있었다. 화목하게 하는 삶에서 하나님의 평화와 기쁨, 그리고 하나님의 능력이 나타난다.

하나님께서 우리에게 주시는 겸손함과 용납과 사랑에서 화목의 역사가 나타나는 것이다. 평화를 깨뜨리는 역사는 교만과 우월감 또는 열등감과 자기 비하의 감정에서 나타나는 것이다. 화목하게 하는 책임은 예수 그리스도 안에서 우리와 화목하신 하나님께서 우리에게 맡기신 책임이다.

### 예화와 관련된 말씀

예물을 제단 앞에 두고 먼저 가서 형제와 화목하고 그 후에 와서 예물을 드리라(마 5:24).

소금은 좋은 것이로되 만일 소금이 그 맛을 잃으면 무엇으로 이를 짜게 하리요 너희 속에 소금을 두고 서로 화목하라 하시니라(막 9:50).

# 11 | 60년간 간직한 사랑

 1941년 8월. 그리스 서북부의 항구도시 파트라이로 파견된 20살의 이탈리아군 소위 루이지는 행군도중 안젤리키라는 아가씨를 만났다. 그는 그녀에게 길을 물었고 자신의 전투식량을 나눠 주었다. 그 뒤 그는 사흘이 멀다하고 그녀를 찾았고 둘은 사랑에 빠졌다.

 그러나 1943년 이탈리아가 항복하면서 급히 귀국해야 했던 그는 그녀에게 전쟁이 끝나면 결혼해 달라고 청혼했다. 그녀는 그의 청혼을 받아들였다.

 전쟁이 끝나 고향으로 돌아간 루이지는 안젤리키에게 편지를 띄웠다. 그러나 안젤리키는 적군 장교와의 연애를 허락하지 않던 고모가 중간에서 편지를 가로채는 바람에 그의 편지를 한 장도 받지 못했다. 그 사실을 모른 채 꾸준히 편지를 보내던 루이지는 천 일이 지나도록 아무 답장이 없자, 결국 다른 여인과 결혼하고 말았다.

 그러다 1996년 부인이 세상을 떠나면서 그의 가슴 속에서는 옛사랑이 되살아났다. 그는 곧 그리스 파트라이 현지 방송사의 도움을 얻어 아직까지 그곳에 살고 있던 안젤리키를 찾아냈다. 안젤리키는 그때까지 60여 년 전의 결혼 약속을 굳게 믿으며 평생 독신으로 살아왔다.

지난해 2월 성 발렌타인데이에 둘의 극적인 재회가 이루어졌고 77세가 된 루이지는 그녀에게 청혼했다. 그러나 벅찬 가슴으로 청혼을 받아들인 안젤리키는 그 뒤 안타깝게도 결혼식을 2주 앞두고 훌쩍 세상을 떠나고 말았다.

 **예화와 관련된 말씀**

사랑하는 자들아 주께서 하루가 천 년 같고 천 년이 하루 같은 이 한 가지를 잊지 말라. 주의 약속은 어떤 이의 더디다고 생각하는 것같이 더딘 것이 아니라 오직 너희를 대하여 오래 참으사 아무도 멸망치 않고 다 회개하기에 이르기를 원하시느니라(벧후 3:8,9).

# 12 사랑의 사명을 가진 자는 죽지 않는다

 깊은 산골에서 땅을 개척하는 젊은 부부가 있었다. 그들에게는 네 살 된 딸과 아직 돌도 안된 아들이 있었다. 남편은 일주일에 한 번씩 장을 보러 읍내에 가야 했는데 너무 멀다 보니 하룻밤을 묵고 돌아오곤 했다. 남편이 없는 동안에 아내는 아이들과 함께 꼬박 이틀을 지내야했지만 별로 무서워하지는 않았다.

 그러던 어느 날, 장을 보러 나가는 남편은 밀린 일거리가 많아 이틀정도 더 걸릴 것이라고 했다. 남편을 보낸 아내는 장작을 마련하기 위하여 뒤뜰로 나갔다. 그리고 장작더미를 향하여 손을 내미는 순간, 그 속에 움츠리고 있던 독사가 순식간에 그녀의 다리를 물었다. 그녀는 순간적으로 옆에 있는 도끼를 들어 독사를 내리찍었다.

 그러나 이미 그녀의 몸에는 강한 독이 퍼지고 있었다. 남편이 돌아오려면 이삼일이나 있어야 했고 그렇다고 가까운 이웃도 없었다. 이제 꼼짝없이 죽은 수밖에 없었다. 자신은 물론이지만 어린 자식들마저도 곤경에 처하게 될 것이다.

 그녀는 독이 더 퍼지기 전에 아이들을 위해 일을 해야겠다고 생각했다. 먹을 것을 준비해서 손 닿는 곳에 놓고 아궁이에 장작을 모아놓고 넣는 법을 가르쳤다.

그리고는 "얘야, 이제 엄마는 곧 깊은 잠을 자게 된단다. 너는 동생을 잘 돌봐주어야 해. 우유도 먹여야 하고 엄마가 깨어나지 못하더라도 무서워 하지마. 동생을 잘 돌보고 있으면 곧 아빠가 오실꺼야." 라고 딸에게 일러주었다.

한낮의 뜨거운 햇살과 아궁이의 불길, 그리고 마지막까지 자녀를 위하여 애쓰는 그녀의 온몸에서는 땀이 물 흐르듯 흘렀다. 그러나 줄줄이 흘러내린 땀이 그녀의 몸속의 독을 제거하여 생명을 구할 수 있게 될 줄은 자신도 알지 못했다. 그녀는 계속 불을 지폈고 구수한 냄새와 함께 밥이 다 되었다. 몇시간이나 지났을까? 그녀는 자신이 아직 살아 있다는 사실에 비로소 깜짝 놀랐다. 뜨거운 사랑의 사명이 있는 자는 결코 죽지 않는다.

## 예화와 관련된 말씀

마지막으로 말하노니 형제들아 기뻐하라 온전하게 되며 위로를 받으며 마음을 같이하며 평안할지어다 또 사랑과 평강의 하나님이 너희와 함께 계시리라 거룩하게 입맞춤으로 서로 문안하라(고후 13:11).

# 13 | 이상한 병

의학계에 '마라스머스'라는 이상한 병이 있다. 이 병은 주로 전쟁고아나 고아원에서 외롭게 자라는 어린이들에게 나타나는 병이다. 이 병의 증상은 신체발육이 부진하고 온몸에 힘이 빠지는 것이다. 환자는 결국 시름시름 앓다가 죽고 만다.

이 병은 영양부족이나 병균 때문에 생기는 것이 아니다. 이 병의 원인은 사랑의 결핍이다. 부모의 품에 안겨 재롱을 부리고 어머니의 살내음을 맡아야 할 어린이가 그것을 전혀 누리지 못할 때 이 병은 나타난다.

마음 속의 사랑을 표현하지 못하거나 남들로부터 전혀 사랑을 받지 못하는 사람은 마라스머스와 유사한 병에 걸릴 확률이 높다. 그런데 의사들이 밝히는 이 병의 치료법은 너무나 간단하다.

"매일 사랑을 고백하십시오."

이 사랑의 말 한마디가 최상의 묘약이다.

부모와 형제, 남편과 아내, 친구와 연인, 직장 동료와 이웃에게 적극적으로 사랑을 표현하자.

사랑은 만병을 치유한다. 진실한 사랑의 말은 가정과 사회를 건강하게 만들며 모든 허다한 허물을 덮어준다.

하나님이 우리를 사랑하셨기 때문에 우리도 서로 사랑하는 것이 마땅한 것이다.

 **예화와 관련된 말씀**

마지막으로 말하노니 형제들아 기뻐하라 온전하게 되며 위로를 받으며 마음을 같이하며 평안할지어다. 또 사랑과 평강의 하나님의 너희와 함께 계시리라 거룩하게 입맞춤으로 서로 문안하라(고후 13:11).

사랑은 여기 있으니 우리가 하나님을 사랑한 것이 아니요 하나님이 우리를 사랑하사 우리 죄를 속하기 위하여 화목 제물로 그 아들을 보내셨음이라 사랑하는 자들아 하나님이 이같이 우리를 사랑하셨은즉 우리도 서로 사랑하는 것이 마땅하도다 어느 때나 하나님을 본 사람이 없으되 만일 우리가 서로 사랑하면 하나님이 우리 안에 거하시고 그의 사랑이 우리 안에 온전히 이루어지느니라(요일 4:10:12).

# 14 | 나는 사랑 받고 있다

패트와 남편 올리는 의사의 말에 정신이 멍해졌다.

"당신 뇌의 가장 수술하기 힘든 부위에 동맥류가 생겼습니다. 수술 할 경우 생존 확률은 10분의 1입니다. 그리고 이 경우 수술하는 제 손 끝이 조금이라도 빗나가면 마비를 일으키거나 식물인간이 될 수도 있습니다. 하지만 수술을 하지 않으면 살아남을 가능성은 거의 없습니다."

패트는 집으로 돌아와 침실에서 혼자 울음을 터뜨렸다.

'왜 내게 이런 일이... 다른 사람을 해하거나 나쁜 짓을 하지도 않았는데...'

한참을 울고 난 패트는 하나님이 도와주실 거라는 생각으로 수술을 결정했다. 남편 올리도 아내의 생각에 동의했지만 그는 수술의 위험성 때문에 걱정이 되어 견딜 수가 없었다. 올리는 이웃에 살고 있던 친구에게 전화를 걸어 아내가 곧 수술을 받을 것이라는 사실을 알렸다.

수술하기 위해 병원으로 향하던 날, 그들은 조용히 집에서 나왔다. 올리는 걸음을 떼지 못하는 패트를 조심스럽게 차에 태우고 천천히 차를 몰았다. 거리는 늦가을의 낙엽이 뒹

굴 뿐 황량했다. 그런데 이게 왠일인가? 그 순간 거리 양쪽 모든 집의 현관문이 일제히 열리기 시작했고 사람들마다 패트를 향해 손을 흔들며 웃는 얼굴로 키스를 보냈다. 이웃의 한 사람이 미리 집집마다 전화를 걸어 패트의 건강을 위해 모두 함께 격려해 주자고 제안한 것이었다.

패트를 태운 차가 긴 골목 끝을 빠져나갈 때까지 사람들은 계속 손을 흔들었다. 남편의 손을 꽉 쥔 패트의 손가락이 가늘게 떨려 왔다.

'나는 사랑받고 있다.'

패트의 어둡던 얼굴엔 기쁨의 미소가 떠올랐고 가슴 가득히 새로운 용기와 의욕이 생겼다.

수술은 성공적이었다. 패트는 이웃 사람들의 환영을 받으며 다시 집으로 돌아왔다. 패트는 현재 아동심리요법사가 되어 자신이 받은 이웃의 사랑을 되돌려 주고 있다.

 **예화와 관련된 말씀**

> 너희가 서로 사랑하면 이로써 모든 사람이 너희가 내 제자인 줄 알리라(요 13:35).

# 15 | 사랑할 이유

 1946년, 지슬로 카돌로스키라는 사람이 독일의 한 농가에 물건을 약탈하러 들어갔다가 강도로 돌변해 일가족 열 명을 향하여 총을 난사했다.

 그 결과 가장인 하멜만씨만 살아남고 가족 아홉 명이 목숨을 잃었다. 범인인 카돌로스키는 이십 년이라는 긴 세월을 감옥에서 지냈다.

 이십 년이 흘러서 드디어 석방 날이 다가왔다.

 그러나 그를 맞이할 가족이나 후견인이 없어 석방이 보류되었다. 이 소식을 들은 하멜만씨가 그의 후견인이 되겠다고 자청하여 그를 석방시켰고 자기 집에 머물게 했다. 많은 사람들은 이 엄청난 일에 놀라며 감탄했다.

 신문 기자들이

 "당신 가족을 다 죽인 원수 같은 그를 어떻게 식구로 받아들일 수 있느냐?"고 물었다.

 그는 "예수님은 내 죄를 용서하기 위하여 십자가를 지셨는데 내가 그를 사랑하지 못할 이유가 무엇입니까?"라고 오히려 되물었다고 한다.

우리의 슬픔과 고통은 그 무엇으로도 보상 받을 수 있는 것이 아님을 안다. 그러나 하나님의 사랑이 우리에게 주어졌기에 하나님의 사랑과 능력으로 모든 것을 태워버리고 변화시킬 수 있는 삶을 살아야 한다.

 **예화와 관련된 말씀**

새 계명을 너희에게 주노니 서로 사랑하라 내가 너희를 사랑한 것 같이 너희도 서로 사랑하라 너희가 서로 사랑하면 이로써 모든 사람이 너희가 내 제자인 줄 알리라(요13:34,35)

나는 너희에게 이르노니 너희 원수를 사랑하며 너희를 박해하는 자를 위하여 기도하라(마 5:44).

# 16 | 세 가지 인간관계

근세 유명한 철학자인 마르틴 부버는 「나와 너」라는 책에서 현대인의 인간관계를 세 가지로 진단했다. 하나는 '그것과 그것의 관계'이다. 오늘날 사람들은 마치 물건처럼 서로가 서로를 이용하고 차 버린다. 남편과 아내의 관계도 마찬가지다. 생명이 없는 무인격의 관계로 전락하고 있다.

이 위대한 유대인 철학자 부버는 또 하나의 관계로 '나와 그것의 관계'라고 이야기했다. 상대방이 나를 물건처럼 이용해도 나는 상대방을 끝까지 인격으로 대할 때, '나와 그것의 관계'가 성립된다고 한다. 그러나 이러한 인간관계는 '나와 너의 관계'로 발전하지 않으면 안 된다고 말했다.

나는 너를 인격으로 그리고 당신도 나를 인격으로 대해야 한다는 말이다. 여기서 끝나면 부버는 그렇게 위대하지 않다. 그는 또 이렇게 말한다.

"내가 당신을 인격으로 믿어 주고 당신이 나를 인격으로 믿어 주어도 우리들 사이에는 언제나 그 인격적인 관계가 깨질 수 있는 긴장이 있다. 이것이 인간성의 연약함이다. 그렇기 때문에 나와 너 사이에는 언제나 이 인간관계를 중매

하는 하나의 촉매자가 필요하다."

부버는 그 촉매자를 '영원자 너'라고 이야기했다. 그리스도인들에게 있어서 '영원한 너'는 바로 예수 그리스도이다. 남편과 아내의 관계도 마찬가지이다.

우리가 인간과 인간으로 부딪칠 때 우리는 상대방에게서 얼마나 많은 단점을 발견하는가? 그러나 그리스도를 통해서 바라본 내 아내, 또 그리스도를 통해서 바라본 내 남편은 어떠한가? 그리스도를 통해서 우리가 함께 만날 때, 그리스도 안에서 함께 무릎을 꿇을 때에 비로소 서로 용서하고 사랑하는 놀라운 관계가 가능할 수 있다.

### 예화와 관련된 말씀

노하기를 더디 하는 것이 사람의 슬기요 허물을 용서하는 것이 자기의 영광이니라(잠 19:11).

비판하지 말라 그리하면 너희가 비판을 받지 않을 것이요 정죄하지 말라 그리하면 너희가 정죄를 받지 않을 것이요 용서하라 그리하면 너희가 용서를 받을 것이요(눅 6:37).

# 17 | 사면장

수년 전에 있었던 일이다.

한 살인범이 어떤 한 재판에서 사형언도를 받았다. 그런데 이 살인범의 형이 되는 사람은 공직에 있는 동안에 아주 많은 공로를 세워서 잘 알려진 사람이었다.

이 형은 주지사를 찾아갔다. 그리고 자기 동생을 사면해주기를 간청했다. 주지사는 동생을 위하여 탄원하는 형의 잊혀질 수 없는 공로를 참작하여 그 동생의 죄를 사면해 주었다. 양복 안주머니에 주지사의 사면장을 받아 넣은 형은 곧바로 감방 안에 갇혀 있는 동생을 찾아갔다.

동생을 만나본 형은 물어보았다.

"만약 네가 사면을 받고 살아 나간다면 너는 무엇을 하겠니?" 그러자 동생은 안면을 찡그리더니 즉시 대답을 했다.

"만약에 내가 살아서 감방을 나간다면 첫째로, 나에게 사형언도를 내린 판사를 찾아 그 놈을 죽이는 일이고 그 다음에는 내 재판에서 증인으로 섰던 놈을 찾아서 그 놈을 쏘아 죽이는 일이야!"

형은 그 자리에서 일어나 나왔다.

당신의 마음이 용서와 사랑으로 채워져 있지 않으면 천사도 가지고 왔던 하나님의 축복을 당신에게 전달하고 갈 수가 없는 것이다

 **예화와 관련된 말씀**

서서 기도할 때에 아무에게나 혐의가 있거든 용서하라 그리하여야 하늘에 계신 너희 아버지께서도 너희 허물을 사하여 주시리라 하시니라(막 11:25).

# 18 | 세상에 보내신 이유

 공과금을 내려고 집 근처에 있는 은행에 갔을 때였다. 입춘 즈음이라고 안심했는데 갑자기 불어온 한파 덕분인지 등에 업혀 곤히 자고 있던 딸아이가 등 쪽으로 계속 파고드는 것이 느껴졌다. 은행을 나오는데 한 청년이 은행 앞에서 뭔가를 팔고 있었다. 어린아이들이 먹는 캐러멜이었다. 추위 때문인지 청년의 코는 벌겋다 못해 얼어있었고 뇌성마비인 듯해 보이는 몸은 덜덜 떨리고 있었다.

 "하...나...사...주...세...요...."

 사람들을 향해 버벅 거리며 호소하는 그의 목소리는 칼바람에 묻혀 들리지 않았다. 아무도 그에게 다가와 캐러멜을 사주지 않았다. 겨우 스물 남짓해 보이는 청년이었는데 몸이 얼마나 왜소한지 바람에 날아갈 듯 보였다.

 "저기 그 거 하나 주세요."

 특별히 캐러멜을 좋아하는 것은 아니었지만 그 청년이 불쌍하고 안 되 보여 나는 지갑을 꺼냈다. 그런데 그는 캐러멜을 주기는커녕 나와 등 뒤에서 곤히 자고 있는 딸아이를 번갈아 가며 바라보는 것이었다.

"얼마예요? 그거 하나만 주세요."

내가 재차 물었을 때도 그는 아이에게서 눈을 떼지 않았다. 그리고 그 순간 청년은 내 품으로 파고들어서 나를 꽉 껴안은 것이었다. 아무리 어리다고는 하지만 그래도 낯선 남자가 껴안는데 놀라지 않을 사람이 어디 있나?

그의 손에 천 원짜리 한 장을 쥐어주고 얼른 돌아서 나오는데 뒤에서 그 뇌성마비 청년이 온 몸을 흔들며 나를 따라오는 게 아니겠는가? 그는 무어라고 외치고 있었다.

"어... 엄... 마... 아...."

세상에, 그가 엄마라고 소리치며 나를 따라오고 있었던 것이다. 나는 집에 오는 동안 코끝이 찡해 몇 번이고 훌쩍거렸다. 가끔 나는 내가 태어난 이유가 뭘까 하고 고민하곤 한다. 어쩐지 오늘 그 답을 얻은 것 같다. 사랑. 조금만 더 사랑하고 품을 열어주기 위해서가 아닐런지.

 **예화와 관련된 말씀**

> 긍휼이 풍성하신 하나님이 우리를 사랑하신 그 큰 사랑을 인하여(엡 2:4).

# 19 | 목숨을 버린 어머니 사랑

다음 이야기는 6·25 사변 중에 있었던 실화라 한다.

한 만삭이 된 산모가 아기를 낳기 위해 급히 집으로 돌아가던 길이었다. 그 어머니는 집에 도착하기도 전에 길에서 그만 진통을 시작했다. 아무 것도 가지고 있지 못한 산모는 어느 다리 밑에 겨우 자리를 잡고 아기를 분만했다.

추운 겨울 아무도 도와 줄 사람이 없으므로 그 산모는 혼자서 모든 것을 처리하지 않으면 안 되었다. 날씨가 추워 아기가 걱정이 된 산모는 자기 옷을 모두 다 벗어 아기를 감싸주었다. 그리고 산모는 추위를 이겨내지 못하고 그만 얼어 죽고 말았다.

얼마 후 어느 미군 장교가 차를 타고 그 부근을 지나가다가 휘발유가 떨어져 부대로 연락을 취해 놓고는 차에서 내려 그 부근을 거닐면서 휘발유를 기다리고 있었다.

그러다 어디선가 들려오는 아기 울음소리를 듣고는 깜짝 놀라 울음소리가 들리는 곳을 따라 다리 밑까지 오게 되었다. 그리고는 기가 막힌 장면을 목격하게 되었다. 산모는 벌거벗은 채 얼어 죽어 있었고 산모의 옷에 둘러싸인 갓난아기는 몹시 울고 있었다.

"내가 여기서 기름이 떨어진 것이 어쩌면 하나님께서 이 아이를 살리시기 위함인지도 모르겠군."

이렇게 생각한 군인은 그 아기를 데려다가 양자를 삼아 잘 키웠다. 미국으로 간 양자는 훌륭하게 자랐다. 늘 자신의 출생에 대해 궁금해 하던 그 아들은 어느 날 자기를 키워 준 미국인 아버지로부터 자초지종을 듣게 되었다.

그 아들은 어머니의 무덤을 찾아 한국으로 나왔다. 어머니의 무덤 앞에서 자기 옷을 벗어서 무덤 위를 덮으면서 울음을 터뜨렸다.

"어머니 얼마나 추우셨어요! 나를 살리기 위해 어머니는 그런 희생을 치르셨군요! 저는 어머니의 사랑을 생각하면서 벌거벗고 굶주린 사람들에게 예수님의 사랑을 전하겠어요!"

## 예화와 관련된 말씀

그리스도께서 너희를 사랑하신 것 같이 너희도 사랑 가운데서 행하라 그는 우리를 위하여 자신을 버리사 향기로운 제물과 희생제물로 하나님께 드리셨느니라(엡 5:2).

# 20 | 희망을 주는 아름다운 편지

 나는 두 아이들과 어렵게 살아가고 있는 한 가정의 여성가장이며 엄마로서 늘 죄책감에 시달리며 내가 앓고 있는 근섬유증후군(일종:근육병)의 통증 속에 약으로 의지하며 하루하루를 살아가고 있다. 인생을 포기하려 내 자신을 헐뜯고 비관하며 자포자기하는 심정으로 살아 왔다. 그러나 내 인생길에 희망을 찾을 아름다운 '섬기는 사람들'을 만나 화로 같이 깊은 마음으로 세모자의 멍든 상처에 사랑과 행복을 심어 주는 든든한 나무의 사랑에 더욱 힘이 솟는다.
 그러기에 새로운 희망과 삶의 터전을 밟아가며 언제나 밝은 태양처럼 아름답게 가꾸어 주신 분들이 떠오른다.
 그렇게 부유하지 않으면서도 도와주는 분들에게 정말 말할 수 없이 고마울 따름이다. 아직도 세상의 온정이 살아 숨쉬는 정겨움이 남은 밝은 세상이구나 하며 또 다른 세상을 꿈꾸어 본다. 이젠 만성증후군도 차츰 치료하면서 그 기간이 언제일진 모르나 아름다운 희망의 새싹을 키우며 내 자신을 내세우기 보다는 사랑과 정성이 깃든 아름다운 꽃나무에 거름을 주어 행복의 열매를 열리게 할 것이다.

눈먼 이들에겐 밝은 눈이 되어 주고 다리가 불편한 분들에 겐 든든한 두 다리가 되어 주어 진실한 사랑을 베풀 것이다.

지금도 난 아이들에게 사랑과 행복의 의미를 되새겨 주며 형식적인 외면보다 진솔한 내면 속에서 이웃을 사랑하라 일 컬어 가르친다.

이렇게 사랑과 행복으로 이끌어 주시는 아름다운 손길을 내밀어 주신 분들께 항상 감사드리며 이글을 통하여 내 마음의 뜻을 전해드린다. 더욱 밝은 세상으로 이끌어 주십사 말씀드리며 하나님의 이름으로 두 손 모아 기도드린다.

\* 위 글은 기아대책 '섬기는 사람들'에서 보내오신 글이다. 포항 결연아동의 어머님이 담당 사회복지사에게 보내주신 편지이다. 결연아동의 어머니는 원래 알콜 중독자인 남편에게 심하게 구타당해 이혼하고, 후유증인 병으로 힘들게 살아가다가, '섬기는 사람들'의 보호아래 무료로 치료도 받고, 정서적으로도 많이 회복되었다.

### 예화와 관련된 말씀

우리 주 예수 그리스도를 변함없이 사랑하는 모든 자에게 은혜가 있을지어다(엡 6:24).

# 21 | 고귀한 사랑

  어느 교회의 목사님이 설교를 하시기 전에 자기를 찾아오신 나이 많은 신사 한 분을 소개하셨다. 강단에 올라간 노신사 분은 인사 대신 다음과 같은 한 이야기를 하시고는 강단을 내려오셨다.

  "어떤 사람에게 아들이 하나 있었는데 하루는 그 아들과 아들의 친구가 바닷가에서 놀다 그만 둘 다 바다에 빠졌다. 그런데 그것을 목격한 아버지의 손에는 오직 한사람만을 건질 수 있는 구명동의 밖에는 손에 없었는데 그 절박한 상황에서 순간적으로 누구에게 그 구명동의를 던져 그를 구원할 것인가를 결정하지 않으면 안 되었습니다.

  하나밖에 없는 아들을 죽이고 아들의 친구를 살릴 수도 없고 그렇다고 아들의 친구를 죽게 놔둘 수도 없고. 그때 아버지의 마음에 순간적으로 스치는 생각은 자기아들은 하나님을 믿기 때문에 죽게 되면 하늘나라에 가지만 그래서 다시 만날 수 있지만 아들의 친구는 불신자라서 영원히 지옥에 가게 된다는 것이었습니다.

  아버지는 아들을 향하여 '아들아 내가 너를 사랑한다.' 라고 외치고 구명동의를 아들의 친구에게 던져 결국 아들은 죽고 아들의 친구는 살게 되었습니다. 여러분 이와 같이 하나님도 그의 독자를 죽이고 여러분을 살리셨습니다. 이 하나님을 믿으시기 바랍니다."

뒤이어 목사님의 말씀시간이 끝나고 젊은이 둘이 노신사를 찾아와 "아까 그 이야기는 참으로 감동적이었습니다. 그런데 이론적으로는 몰라도 세상에 사는 사람들 중에 어떻게 실제로 그러한 일이 있을 수 있겠습니까?"라고 말했다. 노신사는 조용히 젊은이들에게 "조금 전에 말씀을 전하신 젊은이들의 교회 목사님이 바로 그 친구였고, 죽은 것은 내 아들이었습니다."라고 말했다.

 **예화와 관련된 말씀**

하나님이 세상을 이처럼 사랑하사 독생자를 주셨으니 이는 그를 믿는 자마다 멸망하지 않고 영생을 얻게 하려 하심이라(요 3:16).

# 22 | 아버지의 사랑

화학, 의학, 공업 분야에 크게 공헌한 파스퇴르는 최초로 생명은 생명으로부터 오는 것이라고 주장한 특별한 과학자였다.

그에게는 한 아들이 있었는데 그 아들이 프랑스와 러시아의 전쟁 때에 프랑스의 군대에 입대하여 출정했다. 전쟁의 소식은 계속 나쁘기만 하였다. 더군다나 아들에게서 수주일째 소식이 끊겼다. 파스퇴르는 그 외아들에 대한 사랑과 염려로 도저히 연구를 더 진행할 수 없어 전쟁터를 향하여 아들을 찾아 나섰다.

아들을 찾아가는 길에는 죽은 말들의 시체와 부상당한 군인들의 얼어 죽어 가는 모습이 형용을 할 수 없는 지경이었다. 겨우 겨우 고생 끝에 아들의 부대의 위치를 확인하고 찾아가 보니 한 장교의 말인즉 1,200명의 군인들 중에 살아남아 있는 사람은 겨우 300명도 안 된다는 것이었다.

파스퇴르는 그래도 있는 힘을 다하여 죽어가는 시체들 틈을 헤치고 아들을 찾았다. 헝겊으로 눈 위까지 싸매고 있는 군인이 있었는데 틀림없는 자기 아들이었다. 드디어 아버지는 사랑하는 아들은 만난 것이다. 두 사람은 너무나 벅찬 나머지 아무 말도 할 수 없었다. 아버지와 아들은 끌어안고 뜨거운 눈물을 흘리며 그저 서로 바라보았다.

죄로 죽어가고 있던 우리를 구한 것은 아버지의 사랑이다. 아버지의 사랑이 죄와 사망의 무더기에서 우리를 구출한 것이다. 우리는 혹시 그 사랑을 잊고 살지는 않는가?

### 예화와 관련된 말씀

나의 계명을 지키는 자라야 나를 사랑하는 자니 나를 사랑하는 자는 내 아버지께 사랑을 받을 것이요 나도 그를 사랑하여 그에게 나를 나타내리라(요 14:21).

# 23 | 어미새의 사랑

인도의 전도자였던 선다 씽(1898~1933)이 히말라야 산기슭에서 산불을 만났을 때 본 광경은 수많은 사람들이 한 나무를 바라보며 웅성거리고 있었다.

그 나무에 불이 타 올라가는데 나뭇가지 위에는 둥지가 있고 둥지 속에는 새끼들이 있었다. 불이 타오르는 것을 본 어미 새는 정신없이 여기저기 날아다녔다.

어미 새는 비탄에 빠져 있는 듯했다. 새끼들의 위험을 보면서 미친 듯이 둥지 위를 날고 있는 것이었다.

사람들은 안타깝게 바라보고만 있었다. 그 나무의 불을 끄고 싶었지만 도무지 접근할 수가 없었다.

잠시 후 불은 둥지까지 다가왔다. 이때 놀라운 광경이 벌어졌다.

어미 새가 어쩔 수 없이 둥지를 떠날 수밖에 없을 것이라고 생각한 사람들의 예상은 완전히 빗나가고 말았다.

어미 새는 둥지에 내려앉아 날개를 펴고 새끼들을 품었다. 불은 순식간에 어미 새와 새끼들을 태워버렸고 둥지가 있던 자리는 재만 남았다.

사랑만큼 강한 것은 세상에 없다. 자기만을 위한 사랑은 상대방을 아프게 하고 상처를 주지만 진정한 사랑은 모두에게 소망과 힘을 준다.

그리고 죽음보다 더 강한 것이 사랑이다.

 **예화와 관련된 말씀**

하나님이 우리를 사랑하시는 사랑을 우리가 알고 믿었노니 하나님은 사랑이시라 사랑 안에 거하는 자는 하나님 안에 거하고 하나님도 그의 안에 거하시느니라(요일 4:16).

## 24 | 종이쪽지대로 왔을 뿐입니다

 어느 그리스도인 사장이 있었는데 그가 고용한 한 청년을 아끼고 사랑했다. 그에게 직업을 갖게 했을 뿐 아니라 믿지 않는 그에게 사장은 기회가 닿는 대로 고용인들에게 복음을 전했다. 그러나 그 청년은 하나님의 말씀은 단순히 인쇄된 하나의 책에 불과하므로 믿을 수 없다고 하였다. 하루는 그 청년이 사장에게 돈을 빌리고자 하였다. 그러자 그 신실한 그리스도인 사장은 종이쪽지를 건네주고 읽어보라고 했다.

"오늘밤 12시에 우리 집으로 오게."

 그 청년은 돈을 빌릴 생각으로 비록 늦은 시간이었지만 밤 12시에 사장의 집으로 찾아갔다.

 '똑, 똑'

"누구시오? 이 늦은 시간에"

"사장님 접니다."

"자네는 생각이 있는 사람인가, 없는 사람인가? 저녁 12시에 다른 사람의 집을 찾는다는 것은 실례가 아닌가?"

 청년은 쭈뼛거리며 종이쪽지를 사장에게 보여주며 억울하다는 듯이 말했다.

"낮에 사장님이 주신 종이에 저녁 12시에 오라고 하시지 않았습니까? 저는 다만 사장님이 주신 이 종이쪽지대로 왔을 뿐입니다."

그러자 사장은 짜증난다는 듯이 종이를 흘겨보며 말했다.

"자네는 정말 그 종이 쪼가리를 믿고 왔단 말이지?"

그러자 청년은 이제야 말이 통한다는 듯이 대답했다.

"예, 그 종이가 없었다면 제가 이렇게 늦은 시간에 사장님께 왔겠습니까? 저는 이 종이쪽지를 쓴 사장님을 믿고 온 것입니다."

그러자 사장은 미소를 띠며 말했다.

"들어와 보게, 자네에게 해 줄 이야기가 있네. 자네는 그 작은 종이를 믿고 왔지만 그것보다 더 신뢰하고 믿을만한 것이 바로 하나님의 말씀이라네."

 **예화와 관련된 말씀**

> 영접하는 자 곧 그 이름을 믿는 자들에게는 하나님의 자녀가 되는 권세를 주셨으니(요 1:12).

# 25 | 죤스 목사의 어린 시절

미국의 부흥사 죤스 목사의 어린 시절 이야기이다. 죤스의 아버지는 부자였다. 죤스가 열 살 되던 해의 일이다.

죤스는 자동차 차고 앞에서 불장난을 하다가 그만 휘발통에 불이 떨어져 불을 내어 집안은 온통 불바다가 되었다. 어린 죤스는 덜컥 겁이나 밖으로 뛰어나가 불끄는것을 구경하고 있었다.

아버지는 불 끄는데 정신이 없어 아이 잃은 것을 잊고 있었다가 다 꺼졌을 때야 죤스를 생각하고 아이를 부르며 찾았지만 죤스는 나타나지 않았다. 아버지의 재산은 모두 잃게됐어도 아들을 잃는 것보다 못했다. 아버지는 하인들을 시켜 아들을 찾게 했고 신문에 광고를 내기도 했다.

3년 동안 죤스는 걸인이되어 돌아다니다가 어느 날 우연히 거리에서 하인을 만났다.

하인은 반가워 죤스를 안고 눈물을 흘렸다.

"도련님, 집으로 돌아갑시다. 아버지께서 얼마나 찾고 계시는 줄 아십니까? 제가 3년이나 찾아다니는 것입니다."

"거짓말, 나를 잡으면 벌을 주려고 그러지?"

"아닙니다. 아버지는 도련님을 목숨처럼 사랑하십니다. 밤마다 잠을 주무시지 않고 기도를 하시며 도련님이 돌아오시기를 기다리십니다."

"톰, 너가 먼저 가서 참으로 아버지가 나를 환영하시는지 알아보고 우리 집 앞 고목나무에 흰 기를 달아라. 그때 가겠다."

며칠 뒤 고목이 보이는 언덕에 서서 보니 고목나무가 온통 희게 보였다. 그것은 하인의 이야기를 들은 아버지가 나무 전체에 휘감도록 한 것이었다.

아버지의 사랑은 이렇게 큰 것이다. 하나님 아버지의 사랑은 우리의 모든 허물과 죄를 용서해 주신다.

 **예화와 관련된 성경 말씀**

> 이 내 아들은 죽었다가 다시 살아났으며 내가 잃었다가 다시 얻었노라 하니 그들이 즐거워하더라(눅 15:24).